どうすれば日本経済は復活できるのか

野口悠紀雄

SB新書
635

はじめに

本書は、日本経済の現状、過去、未来について論じている。

日本経済は深刻な病に冒されている。世界各国が目覚ましく成長する中で、日本は停滞し、賃金は30年以上にわたって上昇していない。最近では、海外でのインフレが輸入されて、日本の物価を著しく上昇させている。

それにもかかわらず、政策当局は、これらの問題に正面から取り組もうとしない。金融政策は迷走を続けているとしか言いようがない。

こうした事態に対処するためには、何よりも、日本経済が抱える問題を正確に理解することが必要だ。

そのためには、人口の高齢化と経済成長率の関係、賃金決定のメカニズムなどを正確に把握しなければならない。また、産業構造がどのように変化してきたか（あるいは変化しなかったか）、なぜそうなったのか、などを理解する必要がある。

本書では、これらの問題を「付加価値」という概念を中心に説明していく。付加価値とは、経済活動によって生み出される価値のことで、一国の経済全体について合計したものを国内総生産（ＧＤＰ）という。

例えば、賃金は、生産された付加価値の中から労働者に対して支払われる部分である。そのため、賃金の問題を論じるには、その背後にある付加価値に踏み込まなければならない。付加価値がどのように決まり、どのように分配されるかを知る必要がある。この問題に関して、これまで経済学の分野では、さまざまな研究や分析が行われてきた。それらを、できるだけ分かりやすく説明している。

付加価値の生産は、まず労働力の動向によって左右される。高齢化が日本の経済成長にネガティブな影響を与えていることは間違いない。しかし、付加価値はそれだけで決まるわけではなく、産業構造や技術進歩も大きな影響を及ぼす。

１９７０年代まで、製造業が日本の経済成長に大きく寄与していた。ところが、１９８０年代にアメリカで情報関連の技術が大きく進歩し、経済活動に大きな影響を与えるようになった。

日本経済の不調の原因として、新しい技術に適応できなかったことが指摘される。これが「デジタル化の遅れ」である。これには、技術面だけの問題ではなく、日本の社会構造や組織構造が密接に関連している。

日本経済は、今後さらに深刻な問題に直面すると考えられる。

長期的には、高齢化が進行し、日本経済の成長にネガティブな影響を及ぼす。これに対処するため、外国人労働者の受け入れ拡大や、新しい技術の開発が求められる。

直近の問題としては、スタグフレーションの恐れがある。海外からインフレが輸入されるが実質賃金は伸びないという「インフレと経済停滞の共存」だ。

他方では、生成ＡＩという新しい技術が登場し注目されている。これは、経済や社会活動に極めて大きな変化をもたらすだろう。新しい技術への適応能力は、今後の経済活動に大きな影響を及ぼす。それは、個人や企業、さらには国全体の将来にも影響を与え、適応が不十分であれば、日本の遅れは決定的なものとなってしまう。

各章の概要は次のとおりだ。

第１章では、日本経済の現在の姿を、国際比較で見る。

1人当たりGDPで見て、2000年には日本はG8のトップだったのに、2023年にはビリに転落してしまった。G7各国だけでなく、台湾や韓国にも抜かれそうだ。為替レートとして購買力平価で評価すると、いまの日本の相対的な豊かさは、1970年代の水準にまで低下してしまった。賃金の国際比較では、フルタイム等価の概念が重要だ。また、企業の成長力を見るには企業の時価総額を見るのがよい。これらいずれの指標で見ても、日本が没落していることは、否定のしようがない。

第2章では、なぜ日本経済がここまで停滞してしまったのか、その原因を考える。ここでは、「付加価値」の概念を中心として経済の動きを見る。日本経済停滞の基本的な原因は、中国が工業化に成功し、世界経済の中での地位を向上させたにもかかわらず、日本の産業構造が固定化してしまったことだ。円安政策のため付加価値が増えないので、賃金も上昇しない。製造業の比率が低下するにもかかわらず、それに代わる基幹産業が成長していない。

第3章では、今後の見通しを述べる。

人口高齢化は今後も進行すると予測される。また、日本の貿易収支や経常収支の悪化は、決して無視できない現象だ。それに対して、外国人労働者の受け入れや技術革新の促進によって対処すべきであることを論じる。

第4章では、まず、直近の問題としてスタグフレーションの危険について述べる。輸入価格の上昇が落ち着いたにもかかわらず、国内消費者物価の上昇が収まらない。これは、宿泊飲食業において賃金が上昇しているためだ。

また財政支出の増加に対する財源手当をどう考えるべきかを論じる。ここでは法人税の見直しが必要であることを主張する。

第5章では、日本銀行の政策の誤りについて述べる。

大規模金融緩和は物価上昇率の引き上げを目的として行われたが、これは正しい目標ではなかった。仮に物価が上昇したとしても、それによって賃金が上昇するとは考えられないからだ。また、国債を購入するだけで物価が上がる保証もなかった。

国債を大量に買い入れた結果、この政策は行き詰まり、２０１６年からイールドカーブコントロールに転じた。しかし、世界の大勢に逆らって長期金利を抑え込んだため、国債市場にひずみが生じ、2022年12月に長期金利の上限を見直さざるを得なくなった。日銀新体制は、2023年7月に長期金利のコントロールをさらに緩めた。

第6章では、健康保険証のマイナンバーカードへの切り替えの問題に焦点を当てる。健康保険証廃止に向けての政府の対応は、あまりに稚拙だ。

健康保険証を廃止しても、何もよい結果がもたらされるとは考えられない。マイナンバーカードの普及だけが目的となってしまっている。

第7章では、デジタル化の遅れの問題を取り上げる。とりわけ生成AIという大きな変化が日本経済に及ぼす影響について考える。

本書は、「ビジネス+IT」に連載した記事を編集したものである。連載にあたってお世話になった、元SBクリエイティブ株式会社　学芸書籍編集部　副編集長　多根由希絵氏に御礼申し上げたい。また、「現代ビジネス」「ダイヤモンドオンライン」に公表したものも用いている。これらの掲載にあたってお世話になった方々に御礼申し上げたい。

本書の刊行にあたっては、齋藤舞夕氏にお世話になった。御礼申し上げたい。

2023年8月　野口悠紀雄

目次　どうすれば日本経済は復活できるのか

第2章　なぜ日本経済は停滞したのか？

第3章　今後の日本経済はどうなる？

第4章　日本が直面するスタグフレーションの恐れ

第5章　金融政策の誤り

第6章　マイナンバーカード「迷走」曲

第7章 生成AIという大変化に対応できるか?

索引

図表目次

第1章

G7のトップから最下位へ

1. サミットのトップから最下位に沖縄から広島への日本の変化

G7の中での日本の地位は?

2023年5月に、G7サミット(主要国首脳会議)が広島で開かれた。日本は名誉ある議長国だった。

では、1人当たりGDPで見て、日本はG7各国のうちでどのような位置にいるか?

IMF(国際通貨基金)のデータによれば、図表1－1のとおりだ。日本は最下位である。7カ国のうちで、直近では日本はイタリアと最下位を争っていたのだが、ついにイタリアに抜かれてしまった。ところが、2000年における順位を見ると、日本はG8のトップだった。この23年の間に、G7における日本の位置が大きく変化したことが分かる。1人当たりGDPの値を2023年と2000年で比べると、日本以外の国ではほぼ2倍になっているのに対し、日本だけが低下した。

図表1－1　G7各国の1人当たりGDP

	2000年のGDP(ドル)	2023年のGDP(ドル)	倍率
カナダ	24,297	52,722	2.17
フランス	23,212	44,408	1.91
ドイツ	23,925	51,384	2.15
イタリア	20,153	36,812	1.83
日本	39,173	35,385	0.90
イギリス	28,348	46,371	1.64
アメリカ	36,313	80,035	2.20

IMF、WEOのデータより著者作成

日本の１人当たりGDPは「アメリカの半分以下」

図表１－２は、日本、アメリカ、韓国、台湾の１人当たりGDPの推移を示す。２０００年から２０２３年の間に、アメリカも韓国も台湾も、１人当たりGDPが増加しているが、日本は増加していない。アメリカが順調に成長したのに対して日本は成長しなかった結果、２０２２年には、日本の１人当たりGDPはアメリカの約半分にまで落ち込んでしまった。

韓国と比較すると、２０００年においては、日本の１人当たりGDPは、韓国の約４倍だったが、２０２２年にはほぼ同じになった。台湾も、韓国とほぼ同じ推移をたどっている。

図表1－2　日米韓台の1人当たりGDPの推移

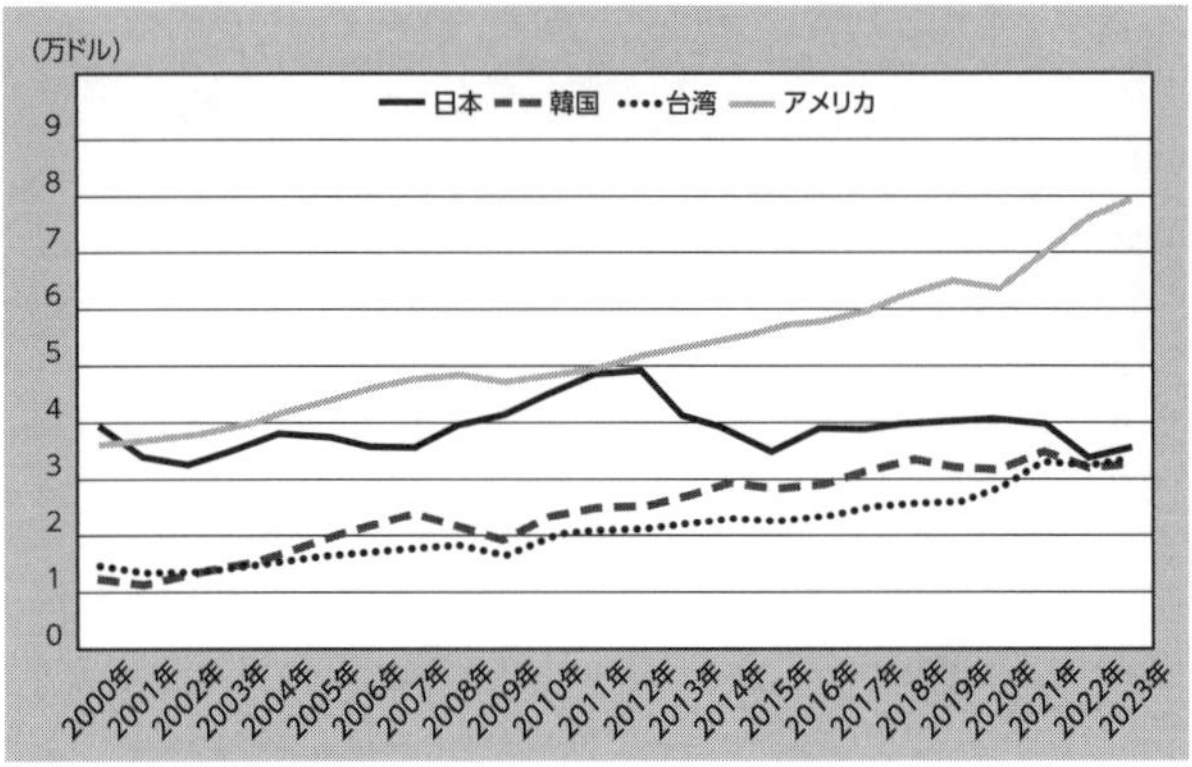

IMFのデータより著者作成

つまり、この期間に、日本は「アメリカ並み」から「韓国・台湾並み」になったことになる。これまでの推移が将来も続くとすれば、韓国や台湾は日本を抜いていくだろう。そして、10年後、20年後には、韓国や台湾は、日本よりずっと豊かな国になっている可能性が高い。

G7は、先進国のグループである。1980年代、90年代において、アジアの代表が日本ということに異議を唱える人はいなかっただろう。しかし、韓国が日本より豊かな国になった場合、日本がG7のメンバーであることが適切かという意見が出てきても、反論するのは難しいのではないだろうか。

図表１−３　ドル円レートの推移

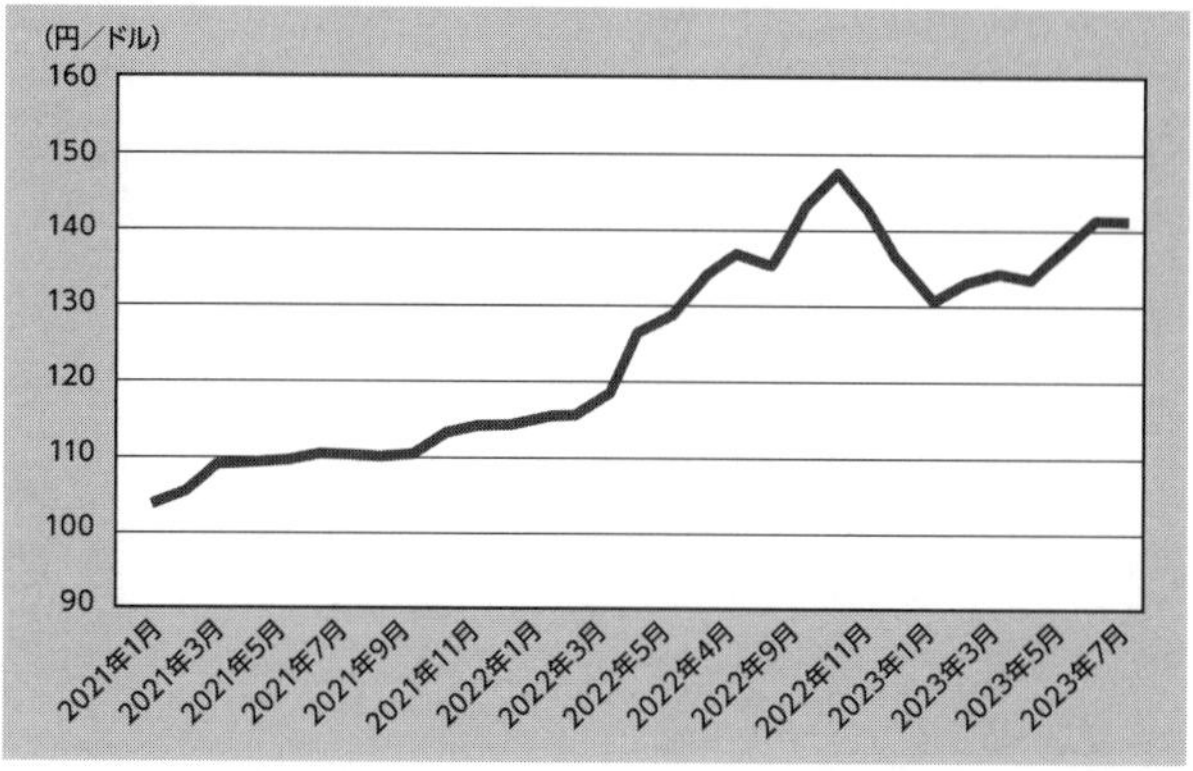

日本銀行のデータより著者作成

日本の地位低下の原因は円安

では、なぜ日本の国際的地位は、このように低下したのだろうか。

その一つの理由は、為替レートにある。

２０１０年頃の時点で、日本の１人当たりＧＤＰが高くなっているのは、この時期に円高が進んだからだ。そして、最近になってアメリカの１人当たりＧＤＰが急に伸びているのは、ドル高円安が進んだ影響が大きい。

２０００年から現在までを見ても、図表１−３のように、円はドルに対して減価している。したがって、為替レートの影響によって、ドルベースで見た日本の成長率が低くなっていることは間違いない。

円安に安住して改革の努力を怠った

ただ、原因はそれだけではない。自国通貨建てで見ても、日本の成長率は低いのだ（図表1－4参照）。

日本では高齢化が進んでいるために、労働力の伸び率が低いからだろうか。日本の労働力の成長率が低いのは事実だ。それは、経済全体の成長率に大きな影響を与える。しかし、ここで考えているのは1人当たりGDPの数字であるため、労働力の伸び率の影響は受けにくい。

実際、韓国の出生率は日本よりずっと低く、労働力の伸び率も低い。それにもかかわらず経済成長率は高い。それは、技術進歩率が高く、企業改革が進んだからだ。それに対して日本は、技術進歩率が低く、企業改革も進まなかった。

これは、さまざまな指標から読み取ることができる。例えば、企業の時価総額ランキングだ。1995年のランキングを見ると、NTTが世界第2位、トヨタ自動車が第8位だった（内閣府の資料による）。2005年でも、トヨタは第9位だ。

ところが現在では、ランキングの10位までに日本企業はいない。日本の時価総額トップであるトヨタ自動車は、世界第43位だ。アジアのトップは台湾の半導体製造会社TSMC

図表1－4　自国通貨建て1人当たりGDP、2000年と2023年の比率

	2000年の1人当たりGDP	2023年の1人当たりGDP	倍率
日本	422万1494円	469万9080円	1.11
アメリカ	3万6312ドル	8万0034ドル	2.20
韓国	1386万2167ウォン	4345万9394ウォン	3.14
台湾	46万3648ニュー台湾ドル	101万3220ニュー台湾ドル	2.19

著者作成

であり、世界第12位となっている。第2位は韓国のサムスン電子で、世界第24位だ(Largest Companies by Market Capによる2023年8月20日の値)。

スイスのビジネススクール・国際経営開発研究所（IMD）による「世界競争力ランキング」で見ても、2000年頃には世界のトップにあった日本が、2023年6月に公表されたランキングでは、63カ国・地域中で過去最低の世界第35位に落ち込んでいる（本章の3参照)。

このように、日本の成長率が低い基本的な理由は、日本で技術進歩や産業構造の改革が行われていないことだ。

円安によって日本の競争力が低下した

「為替レートが円安になったために、ドル表示の1人当たりGDPで日本の伸び率が低い」と述べた。これは、為替レートの直接の影響だが、為替レートが円安になることの影響はそれだけではない。

円安になると輸出企業の利益が自動的に増えるので、日本の企業が技術開発や新しいビジネスモデルへの転換を怠ったことは否定できない。2022年において急激に円安が進んだので、円安の問題点を多くの人が認識するようになった。しかし、この問題に対する人々の関心は、その後、薄れたように思われる。

2023年6月のレートは1ドル＝145円程度で、2021年初頭に105円、2022年初頭に115円程度であったのと比べても、かなりの円安だ。図表1－3で見ても、現在の為替レートが異常であることが分かる。

各国の物価上昇率の差を調整した実質実効為替レート（本章の5参照）で見ると、現在の値は1971年頃の水準だ。こうした状況は、是正されるべきだろう。日銀の新体制が、この問題にどのように対処するのかが注目される。

2．日本病の原因は、人口高齢化か？

なぜ日本病に陥ったのか？

１で述べたように、２０００年のG８サミットでは、日本は１人当たりGDPがG８で最も豊かな国であった。しかし、２０２３年のサミットでは、最も貧しい国になってしまった。この二十数年間に、世界経済での日本の位置は、大きく低下した。

経済の不調はすべての国が同じような経験をしているわけではない。日本がとりわけ大きな問題を抱えているのだ。しばしば「日本病」と言われるが、これは決して間違った表現とは言えない。

日本経済を考える際には、なぜこうなってしまったのかを明らかにする必要がある。それを解明して政策に反映させることが、将来を考える上で最も重要だ。

人口高齢化による労働力不足が原因か？

日本病の大きな原因として考えられるのは、少子高齢化の結果、労働力が不足していることだ。そうであれば、それに対処するための適切な政策が取られたかを検証する必要がある。

多くの先進国が積極的に外国人労働力を取り入れているのに対して、日本は不十分な政策しか取らなかった。そのことに対する反省が必要であり、政策を変える必要がある。また、女性や高齢者の就業に対して適切な措置が取られていたかも問題だ。

このような検証と政策の転換は、十分に行われているとは言えない。実際に行われたのは、日本銀行による金融緩和政策であった。そして、物価を引き上げることが政策目標とされた。

日本銀行は、金融緩和政策の総括で日本衰退の原因をどう説明するか？

日本銀行は、植田和男新体制の下で、これまでの金融政策の評価を行うとしている。その中で注目すべきなのは、先に述べた問題に対して、どのような答えを出すかだ。

私は、金融緩和と円安政策を進めたことが、日本企業の技術革新力を喪失させた根本的原因だと考えている。そして、技術開発力の衰退が日本衰退の最大の原因だと考えている。しかし、日本銀行は、そのような結論は出さないだろう。

出生率の低下と人口高齢化の進行が日本経済衰退の根本的な理由だと言うのなら、日本銀行が金融緩和を進めたところで、何の効果もないはずだ。それにもかかわらず、金融緩和政策を推進し、市中に存在する国債の半分以上を購入したのは、一体なぜだったのか？　そしてなぜ金利の上昇に強く抵抗したのか？　日本銀行はこうした疑問に答える必要がある。

長期的な見通しがないままのバラマキ政策

現在の日本では、以上で呈した問題についての解明もなく、また経済の長期的な見通しも立てられていない。

さらには社会保障の長期計画もない。公的年金については財政検証が行われているが、実質賃金は非現実的な高い値が想定されている。政府は中期財政試算（内閣府「中長期の経済財政に関する試算」）を公表しているが、その見通しと具体的な政策がどのように関連しているかは、はっきりしない。

そして、長期的な見通しを持たないまま、バラマキ政策が行われている。問題が生じれば、その都度補助金を出す。出生率が低下すれば、児童手当を増額する。半導体産業で日本が弱体化すれば、日本に工場を誘致するための補助金を出す。日本の大学の世界ランキングが低下すれば、大学ファンドを作り、研究補助金を出す。デジタル人材が少なければ、リスキリングに補助金を出す。

このように、問題が生じれば補助金を出すが、全体として日本がどんな問題に直面し、何を目指しているかが不鮮明である。したがって、これらの補助金は何の役にも立たない。それどころか、企業が補助金に依存する体質を作り出している。

春闘は日本経済の転換点になるのか？

日本経済が抱えている最大の問題は、賃金が上昇せず、長期にわたって停滞していることだ。

ところが、2023年の春闘は、30年ぶりの高い伸び率で、3・58％だった。これが日本経済の転換点になるだろうとの見方もある。

しかし、これは物価の上昇を反映したものにすぎない。消費者物価の上昇率は22年度4

月以降2％を超えるペースが続いており、昨年は3・0％の上昇率となった。

今後、消費者物価の上昇率が低下することが期待されるが、それでも2％程度の上昇は避けられないだろう（第5章で述べるように、日銀の見通しでは、23年度の物価上昇率は2・5％）。

仮に日銀の見通しどおり、物価上昇率が1・8％であるとすれば、春闘による賃上げ率の実質値は1・8％程度ということになる。これは、これまでの値に比べて決して高いものではない。むしろ低いと評価してもよい。したがって、賃金は物価上昇に十分対応できなかったと考えるべきだ。

さらに問題なのは、経済全体の賃上げ率は、春闘のそれに比べてかなり低いことだ。実際、経済全体の実質賃金の伸びは22年からマイナスを続けており、実質賃金指数は極めて低い水準に落ち込んでしまった。ここからの回復は難しい。23年の春闘が、日本の賃金上昇の大きな転換点になるなどとは、とても考えられない。

当面の目標はヨーロッパ諸国に追いつくこと

日本とアメリカの間には大きな差ができてしまった。産業構造も大きく異なる。残念ながら、日本がアメリカのようになることは、もはや夢のような話になってしまった。

ヨーロッパ諸国と比べてみると、イギリスやドイツは日本より所得が高い国となっている。イギリスは金融業を中心として回復しており、日本がこれをまねるのは難しい。しかし、ドイツは、日本と同じく製造業中心の産業構造を続けており、違いはそれほど大きくない。それなのに、なぜ日独の逆転現象が起きたのかを分析することが重要だ。

アジアでは、台湾や韓国が日本とほぼ同じ1人当たりGDPの水準になっており、経済成長率も高い。このため、これらの国々は近い将来、日本より豊かになると考えられる。これも重要な変化として捉えるべきだ。

目標としては、ドイツやイギリスに追いつくことを考えるべきだろう。そして、台湾、韓国との差が拡大しないように努めるべきだろう。

3. アジア太平洋地域で日本より競争力が低い国は3カ国だけ

日本は64カ国中35位

ＩＭＤが、世界64カ国を対象にした２０２３年の「世界競争力ランキング」を6月に発表した。日本は、昨年より１つ順位を下げ、過去最低の世界第35位になった。

ところが、このニュースはあまり話題になっていない。日本の地位が低いことには、もうニュースバリューがなくなってしまったのだろうか？

もちろん、これは日本人にとって愉快なニュースではない。知らないで済ませられるならばそうしたいと、日本人であれば誰もが考えるだろう。しかし、だからといって、このニュースに耳をふさいではならない。

アジア太平洋地域で日本より下位の国は、インド、フィリピン、モンゴルのみ

アジア太平洋地域での日本の競争力の凋落ぶりには、驚くばかりだ。ここでの日本の順位は、14カ国・地域中で第11位だ。

第1位は、シンガポール（世界第4位）。続いて、第2位が台湾（世界第6位）、第3位が香港（世界第7位）だ。そして、中国は第5位（世界第21位）、韓国は第7位（世界第28位）だ。

日本より上位にはほかに、マレーシア、タイ、インドネシアなどが並ぶ。日本より下位は、インド、フィリピン、モンゴルだけなのである！

1989年の第1回のランキングでは、日本は世界第1位だった。その後、低下はしたものの、96年までは5位以内を保っていた。しかし以降順位を下げ、2023年には過去最低の順位となったのだ。

「政府の効率性」と「ビジネスの効率性」が低い

このランキングは、ここまで見てきた総合指標以外に、次の4つの指標で評価が行われている。

「経済状況（国内経済、雇用動向、物価などのマクロ経済評価）」では、日本は世界第26位だ（前年は第20位）。

「政府の効率性（政府の政策が競争力に寄与している度合い）」は、２０１０年以降、第40位前後と低迷しているが、23年は第42位にまで低下した（前年は第39位）。

「インフラ（基礎的、技術的、科学的、人的資源が企業ニーズを満たしている度合い）」では、第23位（前年は第22位）だった。

「ビジネスの効率性」は、昨年の第51位から第47位に上昇したが、低い順位であることに変わりはない。

このことから、「政府の政策が適切でないためにビジネスの効率性が低下する。その結果、全体としての競争力が低下する」という状況に、日本が落ち込んでしまっていることが分かる。

政府の能力の低下が浮き彫りに

政府の政策が適切でなく、非効率的であることは、さまざまな面で指摘される。

第６章で取り上げるマイナンバーカードをめぐる迷走ぶりを見ると、いまの日本政府は基本的なことが実行できていないことがよく分かる。今後、マイナ保険証に関してさらに大きな混乱が発生することが懸念される。

デジタル化が経済の効率化のために必要なことは明らかだ。しかし、それを実現するための基本的な制度を日本政府は整備することができていないのだ。

マイナ保険証のような技術的問題だけではない。政治的な政策判断の問題もある。少子化対策のように効果が疑わしい政策に多額の資金を投入しようとしている。しかも、そのための財源措置を行っていない。防衛費も増額するが、財源の手当てがされていない。

日本政府は迷走しているとしか言いようがない。

そして、このような無責任な政府に対して、野党が有効なチェック機能を果たしていない。日本の野党勢力は、２００９年に政権を取って政権担当能力がないことを露呈してしまった。その後は批判勢力としてさえも機能していない。民主主義国家で、野党がこれだけ弱い国は、世界でも珍しい状況ではないだろうか？

どうしようもないことだと諦めてはいけない

我々の世代は、「ジャパン・アズ・ナンバーワン」と世界から称賛された時代を経験した。

そのため、日本がインドネシアやマレーシアに抜かれてしまったと聞けば、異常事態だと捉える。そして、早急に対処が必要だと考える。

しかし、いまの日本では、諦めムードが一般化してしまったようだ。本章の最初に述べたように、「世界競争力ランキング２０２３」のニュースは日本ではほとんど話題にならなかった。しかし、実はこれこそが、最も危険なことだ。

なぜなら、少子化対策を行っても、そして、それが仮に効果を発揮して出生率が上昇したとしても、日本の人口高齢化は、間違いなく進行するからである。

それによって、経済の効率性は低下せざるを得ない。その厳しい条件下で人々の雇用と生活を支え、社会保障制度を維持していくためには、生産性を引き上げ、日本の競争力を増強することがどうしても必要だ。したがって、決して諦めてはならない。いまの状況は当たり前のことではなく、何とかして克服しなければならないのだ。

実際、一度は衰退したにもかかわらず復活した国の例は、現代にもいくらでもある。その典型がアイルランドだ。アイルランドは製造業への転換に立ち後れ、１９７０年代頃までヨーロッパで最も貧しい国の一つだった。しかし、ＩＴ化に成功して、90年代以降、奇跡的な経済成長を実現した。２０２３年の世界競争力ランキングで、同国は世界第2位だ。

日本人の基礎学力は世界のトップクラス

日本人の能力がわずか30年間でこれほど急激に落ちてしまったはずはない。実際に、ＯＥＣＤ（経済協力開発機構）が行っているＰＩＳＡという小中学生を対象にした学力テストの結果を見ると、これが分かる。

直近の２０１８年調査では、数学的リテラシーは世界第6位、科学的リテラシーは第5位だった。読解力は前回から下がったものの、ＯＥＣＤ平均得点を大きく上回っている。このように、日本人の基礎的な学力は、依然として世界トップクラスなのである。

日本人は、このように高い潜在的能力を持ちながら、それを発揮できない経済・社会環境に置かれてしまっているのだ。

言い換えれば、かつて強かった日本が凋落した原因は、１９９０年代の中頃以降に取られた政策の誤りにある。

１９９０年代の中頃以降、政策面で何が起きたかは明らかだ。円安政策を進めたのである。これによって、企業のイノベーション意欲が減退した。

企業がイノベーションの努力を怠ったために、日本人が能力を発揮する機会を失ってしまった。これこそが、日本経済衰退の基本的なメカニズムだ。

この意味で、いまの日本経済の状態は異常なのである。そして、政策のいかんによって変えられるものなのだ。

4．アジア諸国との所得格差が縮まり、外国人労働力の獲得が困難に

韓国、台湾が１人当たりGDPで日本を抜く

日本人の所得がアメリカやヨーロッパなどの先進国に比べて低くなっていることは、大きな問題だ。しかし、問題はそれだけではない。

1で述べたように、アジア新興国や開発途上国の人々の所得が日本に迫ってきている。

まず台湾と韓国を見てみよう。図表1－5は、日韓台の1人当たりGDP（市場為替レートで換算したドル）の推移を示す。

2000年においては、韓国の1人当たりGDPは日本の31・3％、台湾は日本の37・

図表1−5　日韓台の1人当たりGDP（単位ドル）

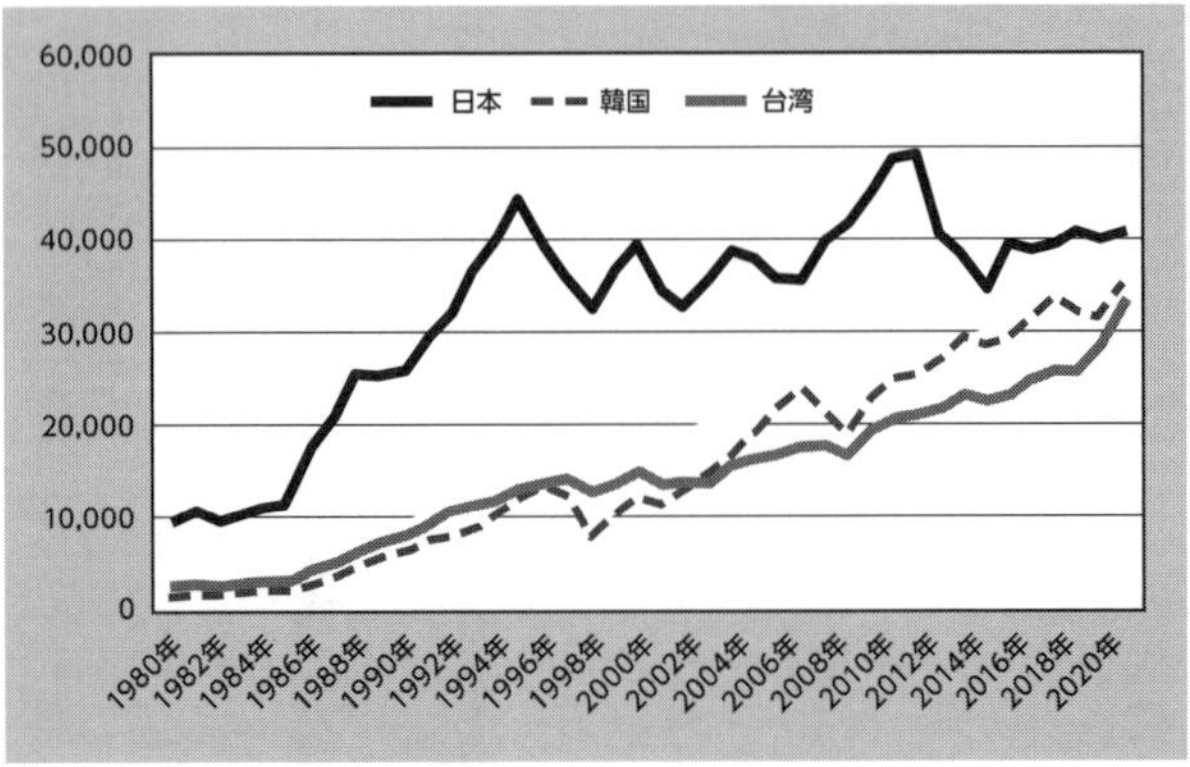

IMFのデータより著者作成

９%であった。２０１０年には、それぞれ51・１%と42・５%になった。それが２０２０年には、78・９%と70・７%まで上昇している。このように、約20年前には日本の３分の１程度だったのが、現在では日本とあまり違わない水準になっている。

ＯＥＣＤの統計によると、２０２２年の年間賃金は、韓国は４万８９２２ドルであり、日本の４万１５０９ドルを上回っている（２０２０年基準の実質賃金、２０２０年ドル表示）。このように、賃金では韓国はすでに日本を抜いている。１人当たりＧＤＰでも、今後、日本を抜いていくことは、ほぼ確実だ。

ＯＥＣＤの長期予測で見ると、日本の１人当たりＧＤＰは２０４０年には５万４３０８

ドルになり、60年には７万７２４２ドルとなる。しかし、韓国は40年には５万９３３８ドルと日本を追い越し、60年には８万３３００ドルと、日本より７・８％ほど高くなると予測されている。

台湾はＯＥＣＤに加盟していないのでこの予測には含まれていないが、韓国と同じような値になるだろう。つまり日本より豊かな国になると考えられる。

製造業で日本企業を抜いている台湾、韓国企業

韓国、台湾、香港、シンガポールは、１９７０年代においては、工業品の輸出を急増させつつある発展途上国だった。それがいまでは、香港とシンガポールは、１人当たりＧＤＰで日本をはるかに上回っている。そして、韓国と台湾が日本に追いつき、追い抜こうとしているわけだ。

１９８０年代において日本製品は、正確さ、品質の高さの代名詞だった。当時、日本の賃金は世界的に見てかなり高かったが、それを正当化するだけの裏付けがあったことになる。裏を返せば、現在日本の賃金が低いことは、日本の製品がその程度のものとしか評価されていないことを意味する。

それに代わって、台湾や韓国の企業の躍進が目立つ。シャープは、2016年に電子機器の受託製造サービス（EMS）世界最大手である台湾の鴻海（ホンハイグループ）に売却された。どの国のメーカーも、先端半導体の製品で台湾のTSMC（台湾積体電路製造）に追いつけない。日本は、工場建設の総事業費8000億円のうち4000億円を補助金として支出して、TSMCの工場を日本に誘致した。

中国の1人当たりGDPはすでに日本の3割

中国の1人当たりGDPは、2000年には959ドルだった。日本の2・4%にすぎず、ほとんど比較の対象にもならないほど低かった。しかも、農村部に膨大な余剰労働力を抱えていた。

工業化の進展に伴って、農業部門の余剰労働力が底をつくことを「ルイスの転換点」という。中国は、04年頃にこの状態に到達したとみられている。

これ以降は、成長に伴って賃金が上昇する。10年には1人当たりGDPが4550ドルとなり、日本の10%になった。そして、20年には、1万408ドル、日本の26%だ。中国の成長率は韓国、台湾よりさらに高いので、今後、日本との差は縮小していくと考えられる。

中国の1人当たりGDPを他のアジア諸国と比べると、00年にはマレーシア、タイ、フィリピンより低かった。しかし、20年ではこれらすべての国より高くなっている。

台湾の国内企業の多くは、中国に生産拠点を築くことで成長してきた。ホンハイも、1985年にフォックスコン（FOXCONN）のブランドを創立し、1988年に中国へ進出して、深圳《シンセン》経済特区に工場を設立した。そして、中国の低賃金労働力を活用して利益を上げてきた。

しかしそのホンハイも、いまベトナムへの移転を図っている。これには米中貿易戦争の影響もあると思われるが、基本的には、より賃金が安い国での生産を目的とする脱・中国の動きであろう。

東南アジア諸国と日本の格差が縮まる

東南アジア諸国も日本との差を縮めつつある。

1人当たりGDPで見て、マレーシアは、2000年には日本の10％だったが、10年には19・7％、20年には25・4％になった。タイは、2000年には日本の5％だったが、11％、

18％と成長している。

10年に、1人当たりGDPが日本の10％以上なのは、マレーシアとタイだけだった。ところが、2020年には、中国も10％を超えた。

10％未満であるアジアの主要国は、インドネシア（9・7％）、ベトナム（9・0％）、フィリピン（8・1％）、バングラデシュ（5・6％）、インド（4・8％）、カンボジア（3・9％）、ミャンマー（3・7％）などだけになっている。

このように、アジアでの日本の位置は、10年前と比べても大きく変わっている。

海外展開の減少は望ましいことではない

経済産業省「海外事業活動基本調査」で製造業現地法人の海外生産比率を見ると、次のとおりだ。なお、数字は海外進出企業ベースで、（ ）内が国内全法人ベースである。

2010年度には31・9％（18・1％）であったものが、その後かなり顕著に上昇し、15年度には38・9％（25・3％）になった。しかし、その後は横ばい、ないし低下傾向にある。19年度は37・2％（23・4％）となっている。

輸送機械の海外生産比率は他産業より高いが、それでも最近は低下傾向だ。国内全法人ベースで見て、10年度が39・2％、15年度が48・8％、19年度が44・2％となっている。

海外展開比率がこのように低下傾向にあるのは、円安の進行と、それによる内外賃金格差の縮小によるものと考えられる。海外展開が減少したことによって、国内の雇用が確保されたという見方がある。確かに日本の失業率は、低水準で推移している。

しかし、それは結局のところ、日本が低賃金労働で生き延びているということにほかならない。これは、決して望ましい事態とは言えない。

超高齢化社会で、介護人材を得られない

高齢化の進行に伴い、日本の労働力不足は、今後ますます深刻化する。

ところが、いまの状態が続くと、2040年頃にはアジアの諸国と日本の賃金の差があまりなくなってしまう。したがって人材の奪い合いになれば、アジアの労働力はより賃金の高い国にいってしまい、日本には回ってこないことになる。

日本でとりわけ問題になるのは、介護人材を得られないことだ。中国の平均所得が日本の3割になったというデータは、日本人より所得が高い人がすでに多数いることを意味する。アジアの介護人材の多くは、これらの人々に取られてしまうことになるだろう。

それだけではない。日本人の介護人材が中国人高額所得者に取られてしまうことも、覚悟しなければなるまい。

5．企業の新陳代謝で成長するアメリカ、それが進まず衰退する日本

ハイテク企業の時代は終わったのか？

アメリカの巨大ＩＴ企業で人員整理が続いていると報道されている。半導体需要も総崩れで、好調を続けてきた台湾の半導体企業ＴＳＭＣも、２０２３年12月期は減収になると報道されている。コロナ禍中の巣ごもり需要でＩＴ製品事業が急激に伸びたのだが、いまその反動に直面しているというわけだ。

こうしたニュースを見ていると、これまでアメリカのハイテク企業を中心に世界経済が回っていると思っていたのだが、それは一時的なバブルにすぎなかったのかと考えたくな

る。

しかし、本当にそうなのだろうか？

時価総額のトップは、依然として巨大IT企業

これを確かめるため、時価総額の世界ランキングを見よう（Largest Companies by Market Cap、2023年8月20日時点）。時価総額を見るのは、それが企業の将来性を表していると考えられるからだ。

これまで世界の時価総額リストで上位をほぼ独占していたアメリカの巨大IT企業の地位は、低下しているのだろうか？

実際には、世界の時価総額ランキングのトップは、依然としてアメリカの巨大IT企業によって占められている。

1位アップル（2・7兆ドル）、2位マイクロソフト（2・4兆ドル）、4位アルファベット（グーグル）（1・6兆ドル）、5位アマゾン（1・4兆ドル）、6位エヌビディア（1・1兆ドル）、8位メタ・プラットフォームズ（0・8兆ドル）といった具合だ。

このように、ハイテク企業はいまだに健在だ。

日本企業で100位以内は1社のみ

時価総額100位以内の企業数を国・地域別に見ると、アメリカが61社でトップだ。世界経済は依然としてアメリカを中心に回っていることがよく分かる。

すでに述べたように、日本企業で世界の100位以内に入るのは、トヨタのみだ。なお、100位から少し外れるが、ソニーが第132位、キーエンスが第138位につけている。

時価総額ランキングの状況は、ここ数年、基本的には変わっていない。ほかに注目すべき点として、ヨーロッパ諸国に上位100位以内の企業数がかなり多いことがある。EU圏で見ると11社。これは、中国の10社を超える。人口当たりで見ると、ヨーロッパ諸国は日本に比べてかなり多い。

中国は、2022年3月には100位以内の企業数が12社だったのだが、数を減らした。こうなったのは、習近平政権がハイテク企業に対して、抑圧的な政策に転換したからだろう。

日本の産業構造は古い

日本企業で時価総額の世界トップ100社に入るのが1社しかないというのは、由々しき問題だ。なぜこのような事態になるのか?

その理由は、産業構造にある。古いタイプの製造業が産業全体で大きな比重を占めているからだ。これは、時価総額リストを産業別に見ると、はっきり分かる（産業分類は、Largest Companies by Market Capによる。なお、分類項目間で重複がある。例えば「テック」は、AI、インターネットeコマース、半導体などに重複して分類されている）。

まず、「テック」が25社と圧倒的に多い。これは、本項の冒頭で述べたアメリカの巨大IT企業が中心だ。日本には、このカテゴリーに入る企業が少ない。

日本の主力産業は自動車だ。ところが、全業種でのトップ100社に入る「自動車」企業は、世界で2社しかない。しかも、トップは、伝統的な自動車メーカーではなく、EVメーカーであるテスラだ。

かつて先進国産業の中心だった自動車会社は、フォルクスワーゲン206位、フォード340位、GM361位、ホンダ322位、日産1043位などといった状態だ。

これからも推察できるように、ガソリン車のメーカーは、今後、構造不況業種になる。ガソリン車に固執している限り、自動車メーカーに未来はないといってもよいだろう。

かつて日本経済をリードした製鉄業は、いまや世界のどの国でも時価総額が低くなっている。

注目すべきは医薬品産業

将来成長すると期待されるのが、医薬品産業だ。この分野では、全分野での上位100位に入る企業が、12社もある。そのトップであるEli Lillyの時価総額は、5187億ドルで、トヨタ自動車よりはるかに大きい。全業種世界ランキングで第10位だ。Johnson & Johnsonの時価総額は、4282億ドルだ。

12社のうち、5社がアメリカ企業である。先に、「トップ100社に入るアメリカの自動車メーカーはテスラしかない」と述べた。また、Largest Companies by Market Capに収録されているアメリカの製鉄会社は、ゼロである。つまり、アメリカの主要産業は、ガソリン車メーカーでも、製鉄業でもなく、テック産業と医薬品産業、そして金融業なのである。

かつて製鉄業と自動車産業で栄えた「ラストベルト」は、それらの産業の衰退に伴って衰退し、荒廃した。しかし、ピッツバーグなどは、医薬品産業を中心として復活しつつある。

岸田政権は、「新しい資本主義」がどのようなものであるかを探ろうと検討を続けている。しかし、その答えは検討するまでもなく明らかだ。「新しい資本主義」とはハイテク産業のことなのである。

そのため、現在の産業構造のままで日本が「新しい資本主義」を実現できないことは、明らかだ。日本が本当に「新しい資本主義」を実現したいなら、現在の産業構造を一変させなければならない。

アメリカでは企業の新陳代謝が起きた

では、アメリカは、なぜ新しい資本主義を実現できたのか？

それは、政府がハイテク産業に向けたビジョンを描き、企業を指導したり、補助金を出したりしたからではない。

アップルは1970年代から存在していたが、当時は、小さなコンピューター製造会社にすぎなかった。斬新な製品で注目を浴びていたが、1989年にアメリカで刊行された『メイド・イン・アメリカ』[*1]はアップルが産業秩序を乱すとして非難していた。

アップルが成長したのは、iPhoneという製品を開発し、その生産において、ファブレ

＊1　MITの産業生産性委員会によって書かれた報告書。ノーベル経済学賞の受賞者であるロバート・ソローが委員長。邦訳：『Made in America―アメリカ再生のための米日欧産業比較』1990年、草思社

ス（工場なし）というビジネスモデルを採用したからだ。そして、市場の競争を勝ち抜いたからだ。こうした過程を通じて、アメリカ経済全体で企業の新陳代謝が起こったのだ。

日本では企業の新陳代謝が起きていない

では、日本の状況はどうか？

日本企業の大部分で、製品・サービスもビジネスモデルも、20年前と変わらない。いや、30年、40年にわたって、基本的には変化がない。そして、企業の新陳代謝が起きていない。そのため、経済全体が衰退している。

２０００年頃以降の円安政策は、古い企業の延命を助けることになった。製造業において、その傾向が顕著である。

他方で、日本では新企業の創設が少ない。設立されても、大きく成長する企業はさらに少ない。

日本の起業率の低さは以前から問題とされている。その原因としてさまざまなことが指摘されてきた。人材の不足、起業資金の不足等々だ。しかし、最も重要な要因は、日本政府が古い産業構造を温存する経済政策を取ったことだ。そうした状況下では、人材も資金も古い分野に投入され、新しい分野に投入されることはない。

日本経済が停滞しているのは、企業が変わらないからだ。時価総額世界ランキングでの日本の地位の低下は、当然の結果だ。また、ここ数年の顕著な貿易赤字の拡大も、必然的な結果だ。日本企業の価値を高めない限り、日本の復活はない。復活には、新しい製品・サービスの創出と、ビジネスモデルの改革が不可欠だ。

6．購買力平価で国際比較をすることの意味

中国はすでに世界一の経済大国？

ＧＤＰで見て、世界一の経済大国はアメリカであり、中国がそれに次ぎ、日本が第3位。これが一般的に考えられている世界像だろう。

確かに、ＩＭＦの統計サイトを見ると、市場為替レート評価ではアメリカ、中国、日本の順だ。

ところが、同じサイトには購買力平価によるデータもある。それによると、中国、アメリカ、インド、日本の順になり、中国がアメリカより上位、インドが日本より上位になる。この指標によるGDPの規模で、中国は2017年にアメリカを抜いた。インドは2009年に日本を抜いている。

日本の生産性は他国に比べて低いと、よく言われる。

あるいは、日本の賃金が他国に比べて伸び率が低く、最近では韓国に抜かれたとも聞く。しかし、別のデータを見ると、韓国の値はまだ日本より低い。どちらが正しいのか？

円の実質的購買力が1970年代後半と同程度にまで低下してしまったことも話題になった。これは、一体どういう意味なのか？　日本人の生活レベルが、1970年代後半まで戻ってしまったということだろうか？

これらの問題は、各国間の比較を行う場合の為替レートとして何を用いるかに関連している。そして、これは、かなり分かりにくい問題なのだ。

「購買力平価」とは何か？

国際比較を行う場合に最も分かりやすいのは、その時点における市場為替レートを用いることだ。ただ、多くの国際比較データで、これとは異なる為替レートが用いられている。それは「購買力平価」という概念だ。

この概念を理解するのは、それほど簡単ではない。その意味を正確に理解しないで使うと、誤った結論に導かれる恐れがある。

購買力平価には、以下の2つがある。

第1に、「絶対的購買力平価（Absolute Purchasing Power Parity）」という概念だ。これは、簡単にいえば、世界的な一物一価の法則が成立するような為替レートだ。OECDやIMFのウェブサイトでは、この値が算出されている。前項で紹介したIMFのデータは、絶対的購買力平価による国際比較である。

この為替レートで換算すれば、同一の財やサービスの価格は、世界のどこでも同じになる。「ビッグマック指数」は、絶対的購買力平価の一つの例だ。これは、世界各国で売られているビッグマックは同一品質だから、同一価格であるべきだとの考えに基づく。

絶対的購買力平価を用いると、発展途上国の値が大きく評価される傾向がある。前項の国際比較でインドや中国の順位が高くなるのは、このためだ。

第2に、「相対的購買力平価（Relative Purchasing Power Parity）」と呼ばれるもので

ある。ある国の時系列的な変化を評価するためのものであり、次のようにして算出される値だ。

説明を簡単にするために、日本では消費者物価上昇率が0％であるが、アメリカでは10年間に20％上昇するとしよう。賃金上昇率が物価上昇率と等しいとすれば、いまから10年後に日本人がアメリカで同じ値段でものを買うには、為替レートがいまより20％ほど円高になっていなければならない。仮に現時点のレートが1円＝0・009ドル（1ドル＝110円）であるとすれば、1円＝0・0109ドル（1ドル＝91・7円）になっている必要がある。このレートが、2020年基準での2030年の購買力平価である。なお、この計算での物価は、消費者物価以外のものが用いられることもある。

購買力平価は、為替レートのあるべき姿を示す

以下では、相対的購買力平価について述べよう。このようなレートが用いられる理由の一つは、GDPの将来予測などを行う場合に、将来の為替レートを予測できないからだ。消費者物価であれば、過去のデータなどからある程度の見当がつく。そこで、将来時点での為替レートとして、購買力平価が用いられるのである。

なお、将来の実際の為替レートがその時点の購買力平価と一致するかどうかは、分からない。それを実現するような力がマーケットで働くと考えられるが、実際にそうなる保証はない。為替レートの決定メカニズムは極めて難しい問題なので、ここでは立ち入らないことにする。

なお、購買力平価が計算されるのは、将来についてだけではない。過去にさかのぼって計算されることもある。さらに、基準時点は、現在とは限らない。過去の時点を基準にすることもある。

過去の時点を基準とする購買力平価を見ると、次のようなことが分かる。

あるときまでは為替レートが自由に動いていたが、その後為替介入が行われて、その国の通貨が安くなったとしよう。もし為替介入が行われなかったらその後の為替レートはどうなったかを知りたければ、介入開始以前の時点を基準にする購買力平価を見ればよい。

日本の場合、１９９０年頃から為替介入が行われるようになったので、このような指標には意味がある。

「実質為替レート」で見た豊かさは、70年代に逆戻り

仮に、ある時点を基準とする購買力平価が、1ドル＝90円だったとする。このとき、現実の為替レートが1ドル＝110円なら、購買力平価に比べて円安になっている（過小評価されている）ことになる。つまり、基準年に比べて円の購買力は低下していることになる。

これを表すのが、「実質為替レート」という指標だ。これは、現実の為替レートと購買力平価との比率だ。いまの例を、基準年を100とする指数で表せば、90×100÷110＝82だ。

日本銀行の統計サイトには、図表1－6に示すように、2020年を100とする指数が示されている（元のデータは、BIS：国際決済銀行が算出）。これは、ドルだけでなく、さまざまな通貨に対する為替レートも含めて、貿易額等による加重平均を計算したものだ。これは、「実効レート」と呼ばれる（なお、「名目実効為替レート」と呼ばれるものも計算されている。これは、指数化した為替レートを貿易額等で加重平均したものだ）。

円の実質実効為替レート指数は、1970年代前半には100未満、後半には100～110台だった。その後上昇し、80年代後半に150台程度となり、90年代には180～

図表1－6　実質実効為替レート指数の推移（2020年＝100）

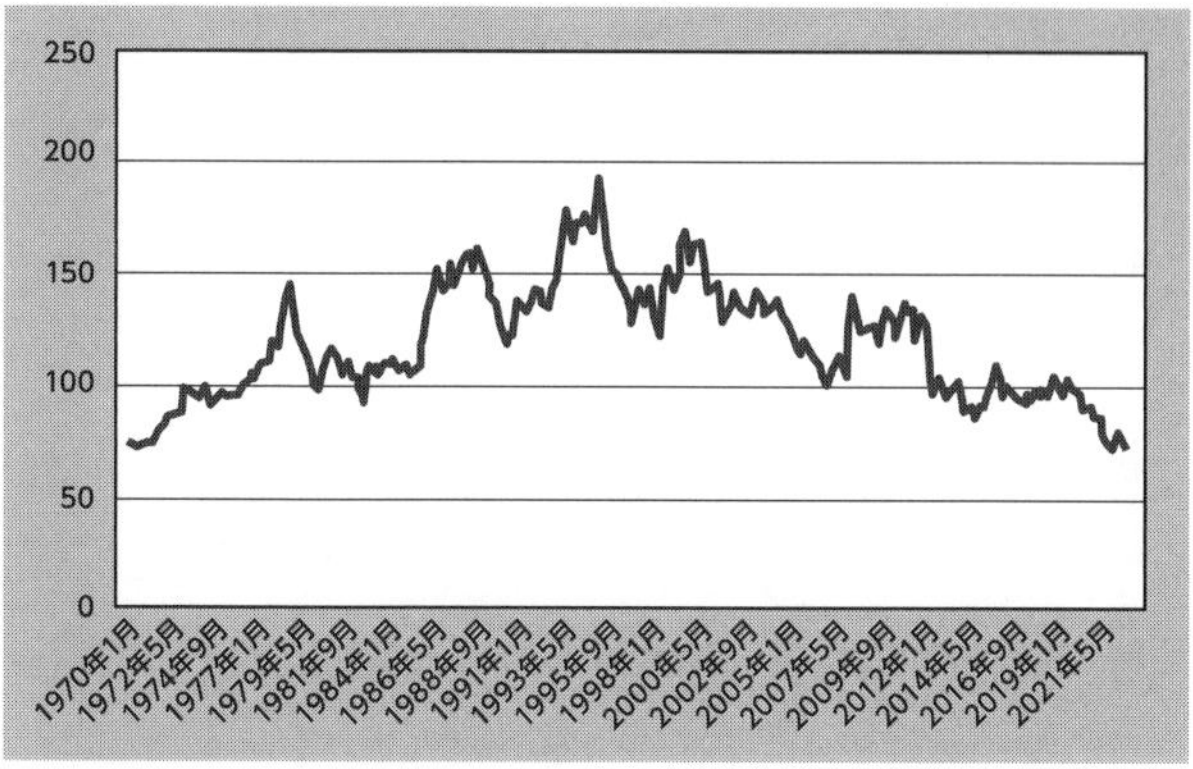

日本銀行のデータより著者作成

１９０台程度となった。

しかし、95年頃がピークで、その後は低下。２０００年頃には１４０程度となった。13年以降は、概して１００を下回る水準が続いていた。そして、21年10月に、90を割り込んでしまった。つまり、指数が１９７０年代後半の水準まで逆戻りしてしまったのだ。

ところが、その後の円安の進行で、２０２３年6月の実質実効レートは、74・18にまで低下してしまった。１９７０年１月が75・02なので、それより低い。95年5月には１９１・35だったので、それと比べるとあまりの低さに言葉も出ない。

第1章のまとめ

1. 2000年の沖縄サミットのときにG8で最も豊かな国であった日本は、現在ではG7で最も貧しい国だ。こうなったのは、日本企業が円安に安住して、技術開発や企業改革を怠ったからだ。

2. 日本病から脱却するためにまず必要なのは、なぜ日本病に陥ったのか、原因を明らかにすることだ。日本病の原因は人口高齢化なのか？ そうであるのなら、なぜ金融緩和で物価を引き上げようとしたのか？

3. 世界競争力ランキングで、日本は世界の64カ国中、第35位だ。アジア太平洋14カ国中では第11位だ。1990年代の中頃に世界のトップであった日本がここまで凋落した原因は、経済政策の誤りにある。日本人の基礎的な能力は世界トップクラスなのだから、この状態を何とか変えなければならない。

4. 台湾、韓国の1人当たりGDPは、日本とほとんど同じレベルになった。成長率が高いので、今後日本を抜くことはほぼ確実だ。中国をはじめとするアジア諸国と日本の1人当たりGDPの格差も縮小している。今後労働力不足が深刻化するにもかかわらず、日本は外国人労働力を得にくくなる。

5. 企業時価総額の世界ランキングで、上位がアメリカのハイテク企業によって占められる状況は変わっていない。100位以内の日本企業の数は、ヨーロッパに比べても見劣りがする。これは、アメリカで企業の新陳代謝が進んでいるのに対して、日本では進んでいないからだ。

6. GDPや生産性、賃金などを国際比較する際に、購買力平価という指標が用いられることが多い。これには注意が必要だ。十分に理解しないで使うと、誤った結論を導いてしまうことがある。「実質為替レート」という指標もある。これで見ると、日本人の豊かさは70年代より低くなってしまった。

第2章

なぜ日本経済は停滞したのか？

1. 日本人の賃金は90年代以降上がっていない

90年代に生じた変化の本質

日本人の賃金は、1990年代の中頃までは順調に伸びた。

財務省「法人企業統計調査」による従業員1人当たりの平均賃金（年収）を見ると、高度成長の期間に目覚ましく上昇した。しかし、1990年代の末に天井にぶつかり、それ以降はほとんど横ばいで現在に至っている。

このこと自体はよく知られている。ただ、こうした現象がなぜ生じたかは、必ずしも明らかにされていない。

しばしば言われるのは、バブルの崩壊が原因だ、という考えだ。確かにバブル崩壊が始まったのは、株価については1990年であり、地価については1991年なので、賃金の停滞が始まったのとほぼ同じ頃だ。

しかし、バブルの崩壊と賃金がどのように関連しているのかについての、説得的な説明はない。

本節では、この問題についての検討を行う。なお、この分析では、法人企業統計調査のデータ(金融機関を除く)を用いる。この対象は法人だけなので、賃金関連統計などとは、計数が異なる。ただし、日本経済の最も重要な部分をカバーしている。

「付加価値」の推移に着目

以下の分析で重要な役割を果たすのは、「付加価値」という概念だ。

これは、売上高から原価を引いたもので、会計学では「粗利益」と呼ばれている。[*1]

付加価値は、賃金・報酬と企業の利益などに分配される。[*2] 分配率は、原理的には、生産の技術的な関係によって決まり、ほぼ一定だ。実際のデータでも、そのことが確かめられる。

*1　企業会計においては、工場の労働者の賃金の一部などが売上原価に含まれている場合もある。したがって、厳密にいうと、付加価値と粗利益は一致しない。

*2　法人企業統計調査では、付加価値額=人件費+支払利息等+動産・不動産賃借料+租税公課+営業純益と定義されている。

したがって、「従業員1人当たりの付加価値が増えれば賃金が上昇し、増えなければ賃金は上昇しない」ということになる。

従業員1人当たりの付加価値は、従業員1人当たりの売上高と、売上高に占める付加価値の比率の積として表すことができる。

付加価値が基本的な指標

企業などが生産する付加価値を合計したものが、GDPだ。これは、国全体の経済活動を測定する最も基本的な指標だ。

国全体の経済活動を見るにはGDPという付加価値概念を用いる一方で、企業活動を見るために付加価値を見ることはあまりない。普通用いられるのは、営業利益、経常利益、純利益、EBITDA(Earnings before Interest, Taxes, Depreciation and Amortization：利払い前・税引き前・減価償却前利益)などの指標だ。

そして、これらを使って、売上高利益率、PER（株価収益率）などの指標が算出され、分析される。企業を投資の対象として見るために、このような指標が注目されるのだろう。

しかし、企業活動そのものを見るには、利益関連の指標よりも、その元となっている付加価値を見るほうが適切だ。

特に、賃金・給与の動向を知るためには、付加価値を見ることが重要だ。また、2022年頃のように原材料価格が高騰しているときには、それが企業の付加価値にどのように影響するかを見る必要がある。

製造業の就業者が減り、非製造業の従業者が増えた

状況は製造業と非製造業とでかなり違うので、これらを区別することが必要だ。

まず、製造業の従業員数は、1993年度まで増加を続けた。1960年に743万人であったものが、1980年には1121万人となり、1994年には1281万人となった（図表2－1参照）。しかし、そこがピークで、以降は減少を続け、2020年度には874万人になっている。

1993～1994年頃は、「就職氷河期の始まり」と言われた時期である。日本企業はそれまで新規採用を増やし続けてきたのが、急激な新規採用の絞り込みを始めたのだ。

これは、1990年代に、中国工業化によって日本の製造業が深刻な打撃を受けたことの影響だ。それに対処するため、バブル崩壊をきっかけとして、日本の製造業は「人減ら

図表2－1　従業員数の推移

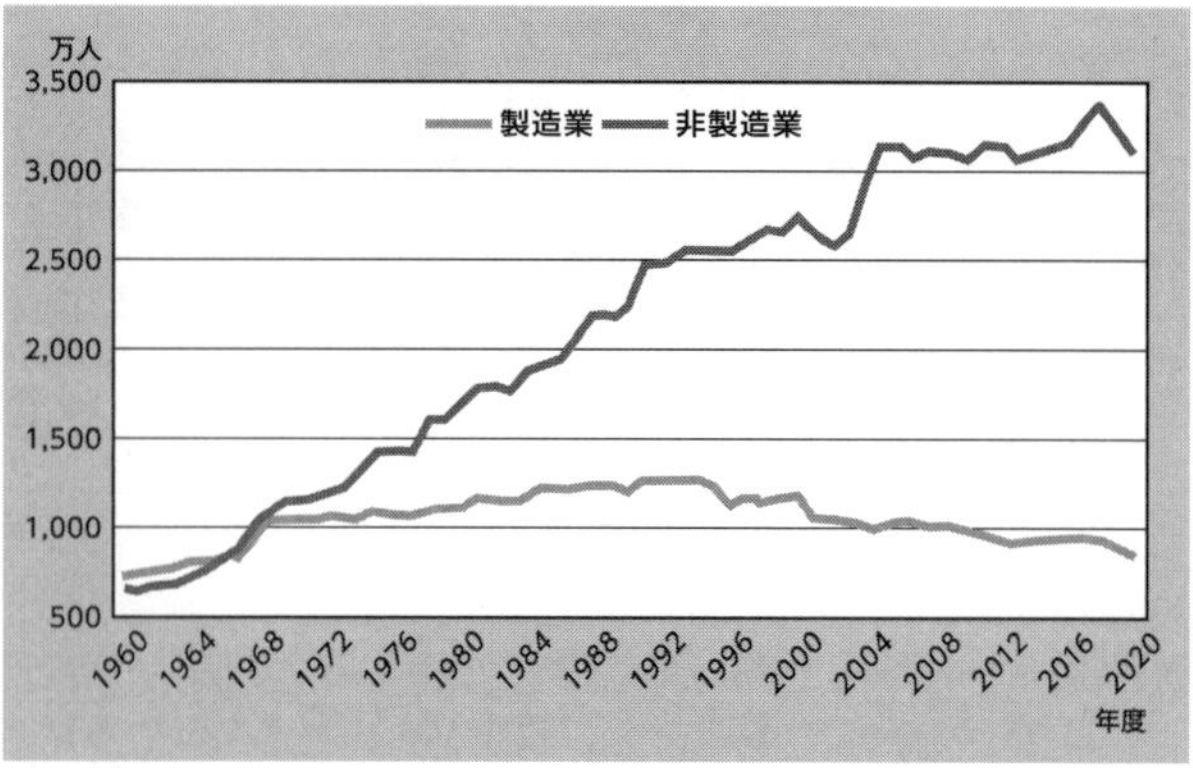

法人企業統計調査のデータより著者作成

し」政策に転換し始めたのである。

ところが、非製造業の動きは、これと対照的だ。すなわち、ほぼ全期間を通して雇用を増やし続けているのである。

その結果、1960年代では製造業より少なかった非製造業の従業員数は、2020年度には製造業の3・5倍となっている。

中国工業化の影響は主として製造業に及び、非製造業は直接的な影響を受けなかったために、このようなことになったと考えられる。

非製造業が雇用を増やしたため、製造業の「人減らし」にもかかわらず、失業率の上昇を抑えることができた。ただし、増加した雇用のうち、かなりの割合が非正規だったと考えられる。

古いタイプの重厚長大型製造業が維持された

製造業では、人減らしを行った結果、従業員1人当たりの売上高が2007年まで、ほぼ増大を続けた（図表2－2参照）。

ところが、売上高に対する付加価値の比率は、緩やかではあるが低下し続けてきた（図表2－3参照）。これは、企業が新しいビジネスモデルや技術の開発を行わなかったことの結果だと考えられる。

つまり、人減らしを行うことによってそれまでの製造業を維持しようとしただけであって、本来行われるべき技術開発やビジネスモデルの改革は行われなかったのだ。その結果、高度成長を支えた重厚長大型の製造業が、ほぼそのままの形で残ることになった。

なお、経済政策においても、1990年代の後半以降、円安政策が取られた。2000年代になってからは、積極的な介入によって円安への誘導が行われた。これによって、重厚長大型の製造業が輸出を増やすことができた。

この円安政策も、ビジネスモデルの変革や技術開発が十分に行われなかった大きな原因になっている。

図表2－2　従業員1人当たりの売上高

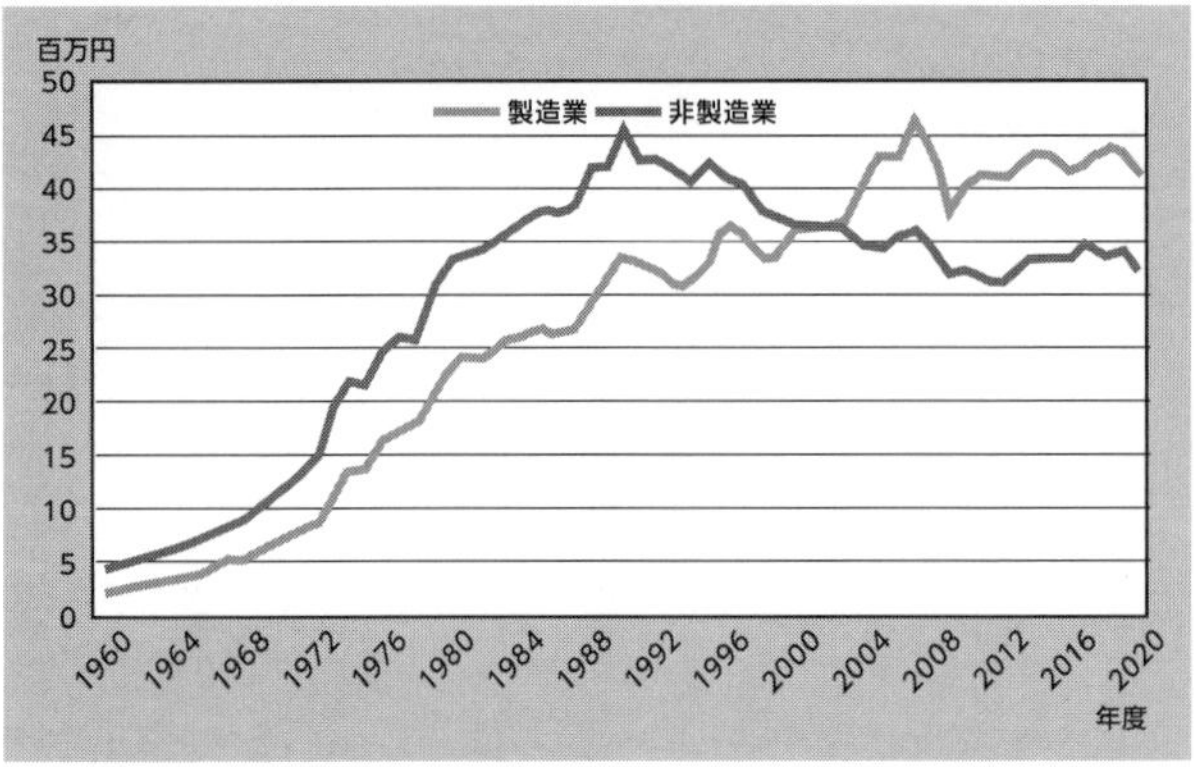

法人企業統計調査のデータより著者作成

図表2－3　売上高に対する付加価値の比率

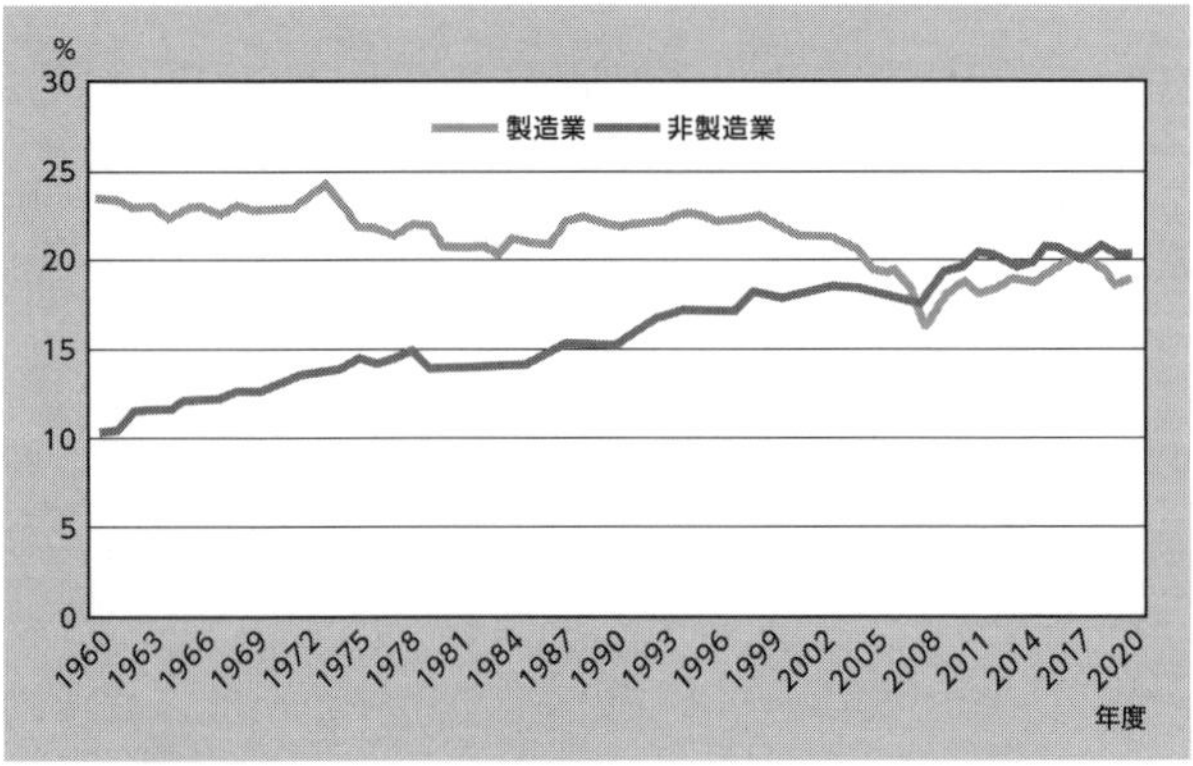

法人企業統計調査のデータより著者作成

非製造業では資本装備率が低下

対して非製造業においては、従業員が増加した反面、それに見合う投資が行われなかったため、資本装備率[*1]が低下した（図表2－4参照）。

図表2－2に見られるように、非製造業における従業員1人当たりの売上高は、1980年代までは伸び続けてきたのだが、1990年度で急激に屈折し、その後も減少を続けた。

これは、資本装備率が低下したためだと考えられる（ただし、資本装備率の伸びが止まったのは、1998年度）。

他方で、非製造業は売上高に占める付加価値の比率が上昇を続けたことが注目される（図表2－3参照）。

これは、非製造業においてビジネスモデルの変革が行われたことを示している。小売業におけるコンビニエンスストアや、飲食業におけるファミリーレストランの増加などがそれに当たるのだろう。

＊1　従業員1人当たりの固定資産：なお、法人企業統計調査では、これを「労働装備率」と呼んでいる。

図表2－4　資本装備率

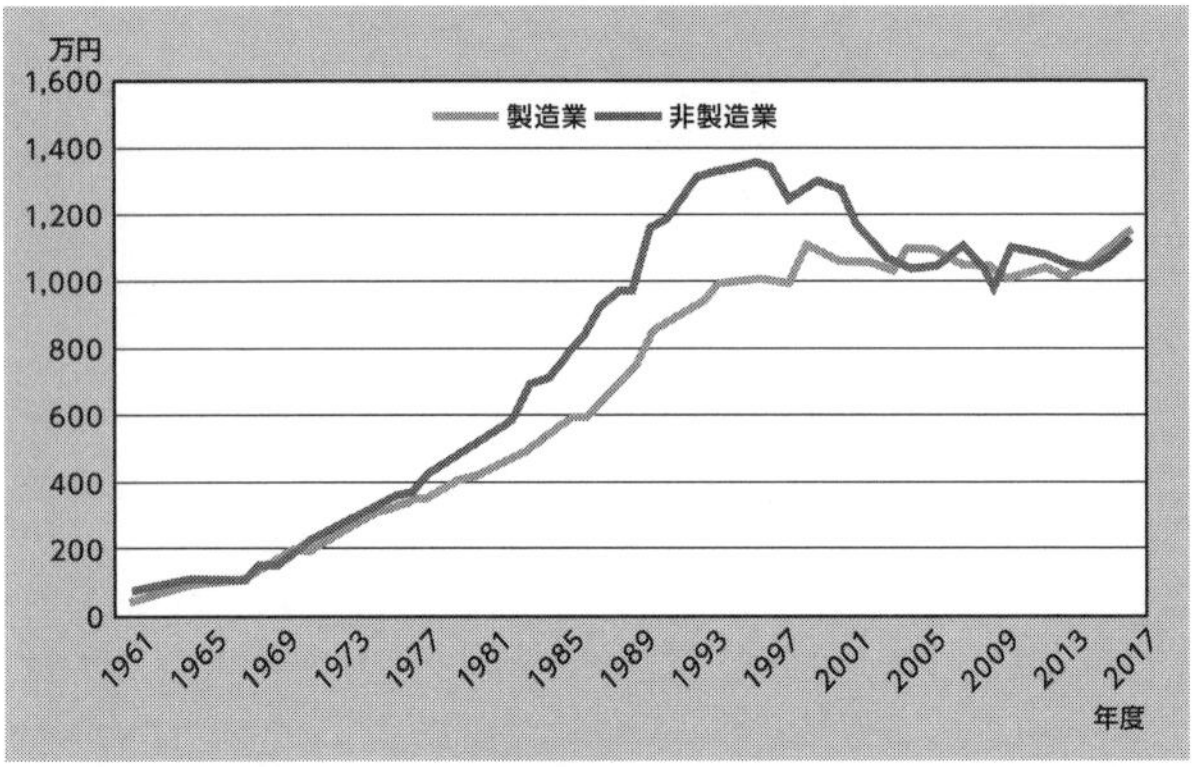

法人企業統計調査のデータより著者作成

こうした業種が雇用を増やすことによって、非製造業の雇用が増えたのだと考えられる。ただし、多くの従業員が非正規・パートタイムの形で雇用されることとなった。

製造業の新しいビジネスモデルが必要

以上のことから、1人当たり付加価値を分解した2つの要素の意味は、次のようなものだと解釈できる。

まず、1人当たり売上高は、資本装備率と強く関連していると考えられること。そして、売上高に占める付加価値の比率は、ビジネスモデルや技術の進歩によって大きく変化するものであると想定されるということだ。

製造業の場合には、「人減らし」を行った

ので、１人当たり売上高は、結果的に上昇を続けた。しかし、新しいビジネスモデルや技術を開発しなかったために、売上高に対する付加価値の比率が低下し、その結果、賃金を上げることができなかった。

反対に非製造業においては、対人サービスの分野でビジネスモデルの変革があったので、売上高に占める付加価値の比率を高めることができた。しかし、資本装備率が低下したため、１人当たり売上高を増やすことができず、その結果として、賃金を上げることができなかった。

どちらも問題だが、とりわけ深刻なのは、製造業において新しいビジネスモデルや技術の開発が行われなかったことだ。

一方、同時期に世界では、アメリカを中心としてファブレス（工場なし）という新しいビジネスモデルが開発され、製造業において売上高に占める付加価値の比率が急上昇した。しかし、日本の製造業は、こうした動向に対応することができなかったのだ。

2. 賃金が上がらないのは、付加価値が増加しないから

賃金は労使交渉で決まるのか？

2022年以降、物価が高騰したために、実質賃金が低下している。連合は、こうした状況を改善するために、2023年の春闘において、5％を超える賃上げを要求した。岸田首相は、物価上昇率を超える賃上げを経営者に求めたいとし、経営者は、こうした要請に対応したいとした。

こうした流れを見てみると、賃金は、政治家の要請や経営者がそれを受け入れるかどうかによって決まるような印象を受ける。つまり、交渉によって、どうとでも自由に決められるように思われる。

マルクス経済学の影響を受けた人々は、このような理解をすることが多い。つまり、経営者、あるいは資本家は貪欲であり、労働者を搾取して企業の利益を増やそうとしている。そのため、これに対抗するために、労働組合を作って交渉力を強め、経営者や資本家と交

渉して賃金を上げなければならないというのだ。

労働者と経営者との交渉が、現実の賃金決定に影響することは間違いない。しかし、そこで賃金がいかようにもなるというわけではない。交渉の場で決定されるのは、ごく限られた範囲のものだ。

賃金の基本を決定するのは、労使間の交渉ではなく、以下に述べるような経済的・技術的な関係である。賃金の基本的な動向はその関係によって決まるのであり、自由に変えられるものではない。

したがって賃金を上げたいと思うなら、その条件を変えなければならない。この点が一般に理解されていないように思われる。この認識を欠いた議論は、賃金の引き上げに寄与しないばかりか、経済の効率性を害することになりかねない。

付加価値の配分はどう決まるのか？

企業は、売り上げから売上原価を差し引いた額（粗利益）を、賃金、利子、税などの支払いと、利潤に充てる。すでに述べたように、この額は「付加価値」とほぼ等しい。

したがって、賃金の総額は付加価値によって制約される。付加価値が多ければ賃金の総額を増やせるし、少なければ、減らさざるを得ない。

ここまでは、会計学の話だ。

問題は、付加価値の分配がどのように行われるかである。それは、労働者と経営者の交渉で決まるのだろうか？　つまり、両者の力関係で決まるのか？

ここから、経済学の話が始まる。経済学は、そうではないと考えられている。結論をいえば、賃金は労働の限界生産力に等しいように決まるとされているのである。その意味で、賃金は労使が自由に決められるものではなく、経済的・技術的な関係によって決まるのだ。

利潤を最大にするように、労働の投入量を決める

では、賃金はどのように決まるのか？

企業は、労働Lと資本Kを用いて付加価値Yを生産する。その関係は、技術的に決まっている。これを生産関数によって表す。よく用いられる簡単な形の生産関数は、$Y = L^{a} \cdot K^{(1-a)} \cdot T$というものだ（aは0と1の間の定数である）。これは、「コブ・ダグラス型の生産関数」と呼ばれる。Tは技術水準を表し、ここで言う「技術」とは、ビジネスモデルなども含む広義の概念だ。

簡略化のため、すべての企業の生産関数は同一であるとしよう。

なお、このような関数が現実の経済活動を適切に表しているかどうかは、実証分析によって確かめられなければならない。コブ・ダグラス関数については多くの実証分析があり、簡単な形の生産関数であるが、現実の経済活動をかなりよく表していることが確かめられている。

最初に、資本Kの投入量が所与である場合を考えよう。そして、賃金wも決まっているとしよう。その場合に、個々の企業は、労働の投入量をどのような水準に決めるか？

この答えは、前記の生産関数で、「利潤＝Y－（wL+rK）を最大化するようにLの値を決める」という数式を解くことで得られる（rは利子率。これも所与であるとする）。

その条件は、「YをLに関して偏微分したもの（これを「労働の限界生産力」という）が、wに等しくなる」という関係、$aL^{(a-1)}\cdot K^{(1-a)}\cdot T=w$によって与えられる。

これが、個々の企業の労働に対する需要を与える。

横軸に労働量、縦軸に賃金をとった図において、労働に対する需要曲線は、右下がりの曲線（賃金が高いほど労働に対する需要が減る）になっている。なぜなら、aが1より小であるため、$L^{(a-1)}$はLの減少関数だからだ。

あらゆる企業の需要を合計したものが、経済全体での労働に対する需要だ。これも右下がりの曲線になっている。

一方、労働の供給曲線もある。これは、右上がりの曲線だ（賃金が高いほど労働の供給が増える）。両者の交わりによって、均衡賃金率が決まることになる。

ここまでの過程を振り返ってみよう。労使の力関係とか、企業の強欲などという問題は登場しない。企業は、与えられた賃金に対して、Y－（wL＋rK）を最大にするように労働力を決めているだけのことだ。

以上で述べたのは最も簡単な場合だ。次に資本量も企業が選択できる場合を考えてみよう。この場合には、企業はY－（wL＋rK）を最大化にするように資本の使用量を決定する。それが資本に対する需要曲線を決め、経済全体での資本に対する需要曲線を決める。さらに資本の供給曲線の交わりで均衡利子率が決まる。

賃金はいかなる要因で決まるか？

では、前記のプロセスにおいて、賃金はいかなる要因で決まるのか。

第1は労働の存在量だ。経済全体の労働に対する需給関係において、労働の存在量が少なければ、労働の供給曲線は左にシフトする。したがって、均衡賃金は高くなる。

つまり、労働力が不足する経済においては、賃金は高くなる。そして、労働力が豊富に存在する経済においては、賃金は低くなる。

均衡賃金を決める第2の要因は、資本量だ。先に示した条件式$aL^{(a-1)} \cdot K^{(1-a)} \cdot T=w$を、$a(K/L)^{(1-a)} \cdot T=w$と書き直せば分かるように、労働者1人当たりの資本量K/L（これを「資本装備率」という）が高いほど、均衡賃金は高くなるのだ。

生産する場合に、手作業でやるよりは機械を使うほうが、労働生産性が向上し、賃金も上がるということである。

第3の要因は、技術進歩だ。技術水準Tが高いほど、所与の労働力と資本量に対応した賃金が高くなる。例えば、デジタル化を進めることによって、賃金が高くなるだろう。

これらの条件が満たされない限り、賃金が恒常的に上がることはない。政府が春闘に介入したところで、賃金が上がるわけではないのである。

仮にここで決まっているような均衡賃金より高い賃金を支払うとすれば、それは利潤最大化という条件が満たされていないことを意味するわけだ。

例えばある企業が、賃金を最適値より高く設定したとしよう。短期的には賃金が上がるが、その企業の利潤は減り、長期的には淘汰されることになるだろう。

3. 産業別・規模別の賃金格差をもたらすのは、分配率でなく資本装備率の差

賃金決定のメカニズムを探る

日本の賃金の実態はどうなっているのだろうか？

厚生労働省「賃金構造基本統計調査」から、賃金の実態がかなり詳しく分かる。産業別や企業規模別の状況も分かる。

ただし、賃金がどのようなメカニズムで決まっているのかを分析するには、賃金だけでなく、付加価値や資本装備率などのデータが必要だ。このようなデータは、賃金構造基本調査にはないが、法人企業統計調査によって知ることができる。

そこで、以下では、法人企業統計調査を用いて、企業規模別、産業別の賃金格差がどの

ような要因に影響されているのかを分析することとしよう。

なお、以降は特に断らない限り、２０２０年の数値である。また、「金融業を除く全産業」のデータを用いている。

１人当たりの給与賞与年額は３７０万円だが、企業規模で大きな差がある

法人企業統計調査によれば、従業員１人当たりの給与賞与年額（以下、給与）は、全産業の平均で３７０万円だ。そのうち、給与が３１５万円、賞与が55万円である。

一方、賃金構造基本統計調査の「一般労働者」の平均賃金は、男女計で年収３７０万円になる。

このように法人企業統計調査のほうが低くなるが、その理由については後述する。

１人当たりの給与は、企業規模によって大きな差がある（図表２－５参照）。

資本金10億円以上の企業では５７５万円なのに対して、５０００万円未満では３００万円程度だ。このように2倍近い格差がある。

従業員の分布を見ると、資本金10億円以上の企業には、全体の18・６％しかいない。それに対して、資本金５０００万円未満の企業には、全体の32・６％の従業員がいる。

図表2－5　企業規模別の賃金など

資本金	付加価値率	労働分配率	一企業当たり従業員数(人)	一企業当たり給与賞与(百万円)	資本装備率(百万円)	一人当たり付加価値(百万円)
全規模	0.201	0.538	13.955	3.704	26.741	6.881
10億円以上	0.178	0.466	1490.224	5.746	87.806	12.319
1億円以上-10億円未満	0.188	0.578	265.785	4.208	14.807	7.287
5千万円以上-1億円未満	0.184	0.625	84.980	3.483	12.679	5.574
2千万円以上-5千万円未満	0.206	0.604	32.698	3.059	10.943	5.067
1千万円以上-2千万円未満	0.247	0.579	10.520	3.167	14.965	14.965

※付加価値率＝付加価値 / 売上高
※労働分配率＝賃金・賞与 / 付加価値
※資本装備率＝固定資産 / 従業員数

法人企業統計調査のデータより著者作成

このように、小企業、零細企業の従業員のほうが多いために、全体の平均が低くなるのである。

「日本の平均賃金が低いのは中小零細企業が多いからだ」と言われるが、表面的に見る限り、確かにそのとおりだ。

なお、賃金構造基本統計調査では、常用労働者1000人以上を「大企業」、100～999人を「中企業」、10～99人を「小企業」としている。

ここでは、図表2－5から分かるように、10億円以上が大企業、1億円以上－10億円未満が中企業、1億円未満が小企業と分類する。

問題は生産性の格差

では、企業規模によって賃金格差が生じるのは、なぜだろうか？

まず、労働分配率を見ると、どの規模でも60％程度で、ほとんど違いがない。むしろ、大企業のほうが低い。分配率に大きな差がないにもかかわらず賃金の差が生じるのは、生産性（従業員1人当たりの付加価値）に差があるからだ。

では、生産性は何によって決まるのか？

図表2－5を見ると、資本装備率は大企業が著しく高い。そして、資本装備率が高いほど1人当たりの付加価値が増大することが分かる。これは、経済理論の結論と一致する。

しばしば、「零細企業の賃金が低くなるのは、非正規労働者が多いからだ」と言われる。確かに、表面的に見ればそうかもしれない。

しかしこれは、因果関係を逆に捉えたものだ。零細企業では、生産性が低いために、非正規労働者に頼らざるを得ないのである。そして、零細企業で生産性が低くなるのは、資本装備率が低いからである。

正規・非正規の問題

法人企業統計調査では、正規・非正規の区別は分からない。

非正規従業員の労働時間は正規従業員のそれより短いので、従業員1人当たりの賃金が非正規で低くなるのは、ある意味では当然と言える。

この点を調整するために、「フルタイム当量（FTE：Full-Time Equivalent）」という概念が用いられるべきだが、法人企業統計調査ではその調整は行われていない。

なお、すでに述べたように、賃金構造基本統計調査に比べて、法人企業統計調査の賃金は低めだ。それは、賃金構造基本統計調査では、一般労働者に短時間労働者が含まれないのに対して、法人企業統計調査では、短時間労働者も含まれているからであろう。

産業別にも大きな賃金差がある

賃金は産業によっても大きな差がある（図表2－6参照）。

電気業が最も高く720万円。最も低いのは宿泊業、飲食サービス業（集約）で206万円と、大きな開きがある。

平均を超えているのは、製造業、建設業、ガス・熱供給・水道業、卸売業、情報通信業、

図表2−6　産業別の賃金など

産業	付加価値率	労働分配率	一企業当たり従業員数（人）	一人当たり給与賞与（百万円）	資本装備率（百万円）	一人当たり付加価値（百万円）
全産業（除く金融保険業）	0.201	0.538	13.955	3.704	26.741	6.881
製造業	0.191	0.586	26.723	4.672	30.917	7.966
非製造業	0.204	0.522	12.298	3.431	25.562	6.575
建設業	0.221	0.483	7.469	4.008	11.079	8.304
電気業	0.128	0.278	12.056	7.198	423.455	25.893
ガス・熱供給・水道業	0.150	0.389	48.213	6.334	122.012	16.299
情報通信業	0.308	0.500	18.679	5.303	26.613	10.600
運輸業、郵便業（集約）	0.300	0.690	39.248	3.842	24.210	5.569
卸売業	0.081	0.527	12.166	4.100	23.592	7.782
小売業	0.160	0.528	15.546	2.896	11.200	5.488
不動産業、物品賃貸業（集約）	0.266	0.226	2.662	3.665	167.118	16.218
宿泊業、飲食サービス業（集約）	0.325	0.871	18.560	2.063	6.129	2.369
生活関連サービス業、娯楽業（集約）	0.294	0.680	12.197	2.456	10.722	3.615
学術研究、専門・技術サービス業（集約）	0.401	0.365	5.701	4.296	108.014	11.782
医療、福祉業	0.525	0.660	19.335	2.401	3.796	3.638
その他のサービス業	0.409	0.657	23.294	3.143	7.645	4.786

法人企業統計調査のデータより著者作成

そして学術研究、専門・技術サービス業（集約）だ。

賃金構造基本統計調査では医療保険部門の賃金はかなり高くなっているのだが、法人企業統計調査では医療、福祉業の賃金は最低クラスに入っている。これは、法人形態の医療、福祉業には、病院よりも介護施設が多いためではないかと思われる。

分配率は企業規模で差がないが、資本装備率で大きな差

労働分配率は多くの産業が50〜60％程度で、ほとんど差がない。宿泊業、飲食サービス業（集約）が87％と非常に高い。

では、資本装備率はどうか？　電気業が極

端に高い。この産業の賃金が高いのは、参入制限があるからかもしれないが、資本装備率の高さも大きな原因だ。また、ガス・熱供給・水道業も高い。

製造業の資本装備率は平均以上だが、これより高い産業として、電気業、ガス・熱供給・水道業のほか、不動産業、物品賃貸業、学術研究、専門・技術サービス業がある。

売上高に対する付加価値の比率は、むしろ、宿泊業、飲食サービス業（集約）や生活関連サービス業、娯楽業（集約）など、賃金が低い産業で高い。

これらのことから、産業別に見ても、賃金格差は生産性の差によるとの結論が得られる。

これまでの賃上げ政策が有効でなかった理由

以上をまとめれば、次のようになる。

小規模企業や対人サービス業の賃金が上がらないのは、生産性（1人当たりの付加価値）が低いからだ。そして、生産性が低いのは、資本装備率が低いからだ。

もし労働分配率の違いが賃金格差の原因であれば、企業に賃上げを要請したり、税制によって賃上げを促したりする政策も効果があるかもしれない。しかし生産性の低さが原因であれば、こうした施策は意味がない。

これまで日本政府は、低賃金の原因を正しく認識していなかったため、有効的な政策を打ち出すことができなかったのである。

4. 日本はＩＴ革命に対応できなかった

日本は90年頃まで成長を続けたが、その後停滞

アメリカと日本を１人当たりＧＤＰで比較すると、１９８０年においては、アメリカは日本の１・４倍程度の豊かさだった。

80年代を通じて、日本とアメリカはほぼ同じように成長を続けたが、日本のほうが成長率が高かった。その結果、90年には、日本とアメリカの差は縮小した。

ところがこの頃から、両国の成長率に顕著な差が生じた。アメリカはそれまでと同じような率で成長を続けた。ところが、日本は90年からほとんど成長しなくなったのだ。

その後も同じような傾向が続いた。直近に至るまで、この傾向は変わらない。

このように、80年代には目覚ましい成長を遂げた日本が、90年代からほとんど成長しなくなったのだ。その一方で、アメリカは90年代以降も高い成長率を維持した。

その要因は、アメリカがＩＴ革命を実現し、日本が対応できなかったからだ。

急速な成長で日本を抜いた韓国

次に、日本と韓国を比較しよう。１９８０年において、日本の１人当たりＧＤＰは、韓国の５・５倍だった。90年には、日本と韓国との比率は縮小した。その後も、同様の傾向が続いている。すなわち韓国の１人当たりＧＤＰが増加する一方で、日本は停滞した。

90年代末には、アジア通貨危機が発生した。１９９７年のタイ通貨バーツの暴落を引き金に、アジア諸国に投資されていた資本が一斉に米ドルに逃げ、各国の通貨が暴落したのだ。そして、アジア諸国は、対外債務の返済不能、金融システム危機、巨額の不良債権などの問題に襲われた。韓国も例外ではなく、通貨が暴落し、財閥が連続倒産した。国際通貨基金（ＩＭＦ）がタイ、インドネシア、韓国の支援に乗り出し、「ＩＭＦ管理」と呼ばれる状態に陥った。

それにもかかわらず、購買力平価で見た韓国の実質ＧＤＰは成長を続けていたのだ。韓国の危機意識が強まり、生産性向上が重要な課題として意識されたためだと考えられる。

韓国の1人当たりGDPの成長率は、ほぼアメリカのそれと同じだ。日本の成長率が1990年代に屈折して低くなったので、前述のような現象が起きたわけだ。韓国の成長率は今後も変わらず、1人当たりGDPで日本を追い越し、差が開いていく可能性が強い。

日本はIT革命に対応できなかった

日米韓の比較ではっきり分かるのは、アメリカや韓国がほぼ一定の成長率を続けたのに対して、日本の成長率が90年代後半頃で屈折し、その後は停滞してしまったことだ。

日本の成長率屈折が起きた時点は、IT革命によってインターネットが普及し始めた時期と一致している。

1980年代から、IT革命と呼ばれる変化が起きた。それまでのメインフレームコンピューターを中心とする中央集権的な情報システムから、PCなどを用いる分散型情報システムへの移行が生じたのだ。

そして、1990年代に入ってからは、インターネットの利用が広まった。それを象徴するのが、1995年に発表されたWindows95だ。こうしてアメリカは、製造業中心の経済から情報産業を中心とする経済へと、大きく転換していったのである。

1990年代以降のアメリカの高い成長率の要因が、アメリカが先導したIT革命であったことは明らかだ。そして、アメリカだけでなく、世界中のさまざまな国が、インターネットという新しい技術体系を使って華々しい成長を始めた。それにもかかわらず、日本はIT革命に対応できなかったのだ。

なお、この時期に起きたもう一つの重要な変化として、中国の工業化が挙げられる。1970年代の末に、文化大革命の混乱から脱却し、改革開放路線に転換した中国は、80年代に工業化に成功し、安価な労働力を利用した安い工業製品を世界に輸出し始めた。これは、製造業が産業の中心だった先進国に甚大な影響を与えた。

これによって、日本の地位が低下したことは間違いない。それも、日本の1人当たりGDPが伸びなかった大きな原因だ。

日本では情報通信産業の比率があまり大きくない

製造業の縮小は、日本だけではなく、先進国に共通の現象だ。そして、その対応の仕方によって、その後の各国の経済状況が大きく異なるものになった。

製造業に代わって先進国の中心的な産業になったのは、情報産業だ。これは、アメリカで顕著に生じた変化だ。

問題は、こうした変化に対応して、産業の中心を製造業からどこに移すかである。アメリカは、高度サービス業が発展した。本来は、日本でも産業構造の改革を進め、同じような変化を実現すべきだった。ところが、日本の場合には、製造業の比率は低下したが、代わりに増えたのは生産性の低いサービス産業だった。

日本の場合、情報通信業の付加価値生産額は、2020年度で27兆円しかない。これは、卸売小売業や不動産業の半分にもならない。日本は、新しい産業構造への移行で、著しく後れを取っている。

高度サービス産業は、デジタル化によって高い生産性を実現する産業である。情報通信業や金融業などの高度サービス産業の低迷は、広い意味での「デジタル化の遅れ」と捉えることができる。

5．パートタイマーの増加を考慮することが必要

指標によって結果が違う

日本と韓国の豊かさが接近している。OECDのデータによれば、2020年の平均賃金は、日本が3万8514ドル、韓国が4万1960ドルで、韓国のほうが高い（購買力平価）。

しかし、国民1人当たりGDPでは、日本4万88ドル、韓国3万1638ドルで、日本のほうが高い（市場為替レートでの評価。データはIMFによる）。

賃金と1人当たりGDPは、似たものではあるが、実は違う内容のものである。そのため、どちらを見るかによって結果が違うのだ。

これまでは、経済的な豊かさを表すどのような指標でも、日本は韓国より高かった。しかし、韓国の成長率が高いので、ほぼ同じような水準になってきた。このため、どの指標を見るかによって結果が変わるようになってきた。では、日本と韓国の一体どちらが豊か

なのか？

生産性が高く少数精鋭なら、1人当たりGDPは低い場合がある

この問題を検討する手がかりは、「生産性」の数字にある。これは、GDPを就業者数で割ったものだ。OECDの資料で生産性を見ると、韓国が日本より高くなっている。

GDPと賃金支払総額は、異なるものだ。まず、GDPの中には、賃金に分配されるもの以外に、営業所得などがある。さらに、誰の所得にもならない「固定資本減耗」という項目がある。これらがどのくらいの比率かによって、GDPが同じでも賃金支払総額は異なる。

しかし、生産性と1人当たりGDPでは、どちらも分子はGDPで同じだ。違いは分母だけである。1人当たりGDPでは人口数、それに対して「生産性」では就業者数が分母になっている。

国民全体の中でより少ない比率の人がより高い賃金で働けば、人口1人当たりのGDPが少なくなることがある。数値例を示そう。

J国とK国があるとしよう。人口はいずれも10人。

J国では就業者1人当たりの付加価値は20とする。付加価値の半分が賃金に分配されるとすれば、就業者1人当たりの賃金は10になる。

K国では、就業者1人当たりの付加価値は26、賃金は13だとする（これらは、同一の通貨、例えばドルで表示された額とする）。

J国では、10人全員が働くとすると、GDPは20×10＝200であり、1人当たりGDPは20だ。これに対して、K国では、10人のうち7人だけが働くとする。GDPの総額は、26×7＝182、国民1人当たりGDPは18・2だ。

この場合には、賃金が高いK国のほうが、1人当たりGDPが低くなる。つまり、K国は、「高い生産性の人が少数精鋭で働いている国」だということになる。就業者1人当たりの付加価値が多いという意味で「高生産性」であり、人口のうち就業者の比率が低いという意味で「少数精鋭」なのである。

パートタイマーを考慮したモデルが必要

しかし、これだけで日本と韓国のケースが説明できるわけではない。2019年の労働力率を見ると、男性は日本が71・4％で韓国が73・6％と、韓国のほうが高い。男女計では、日本が62・1％で韓国が63・6％と、韓国のほうが高い。また、女性も、日本が53・3％で韓国が53・9％と、韓国がやや高い。

そのため、前項で述べたモデルよりもう少し複雑なモデルが必要だ。それは、日本の場合にパートタイム労働が多いことを考慮したモデルである。

そこで、次のような数値例を考えよう。K国では7人の就業者がすべてフルタイムだが、J国では、5人がフルタイムで、残り5人はパートタイムであるとする。そして、パートはフルタイムの半分の時間しか働かないものとする。J国での1人当たりの年間付加価値生産額は、フルタイムなら20だが、パートは10となる。

賃金支払額は付加価値の半分であるとすれば、フルタイムが10で、パートは5だ。K国での1人当たりの付加価値生産額は20・5で、賃金は10・25であるとする。

以上の仮定に基づいて計算すると、J国のGDPは、フルタイム就業者分が20×5＝100、パートによるものが10×5＝50で、合計150になる。人口1人当たりでは15だ。

一方、K国のGDPは、20・5×7＝143・5で、人口1人当たりでは14・35になる。

このように、賃金の安い人が多いにもかかわらず、1人当たりGDPではJ国のほうが数値が高い。

「フルタイム当量」という概念

次に、平均賃金の計算を行ってみよう。パートタイム労働者分を調整するために、OECDの統計では、「フルタイム当量」という概念を使っている。

これは、例えば、フルタイムの就業者の半分しか働かないパートタイマーは、1人ではなく、0・5人とカウントしようというものだ。

右の数値例では、J国でのFTE就業者数は、フルタイムが5人、パートが2・5（＝5÷2）人なので、合計で7・5人になる。賃金支払総額はGDPの半分である75なので、FTE就業者1人当たりでは、75÷7・5＝10になる。

一方、K国では、賃金支払総額はGDPの半分である71・75であり、FTE就業者数は7人なので、1人当たり賃金は、10・25だ。したがってK国が高賃金国だ。しかし、K国のほうが1人当たりGDPは少ない。

実際のデータを見ると、韓国ではパートタイム労働者の比率が著しく低い。右のモデルが現実の姿をそのとおり示しているというわけではないが、おおよそ妥当なものだと評価することができるだろう。

「フルタイム当量」の考え方は、OECDだけでなく、アメリカなどの、さまざまな統計で用いられている。パートタイム労働者が増えてくると、経済の実態を把握するためにフルタイム当量の概念を用いることが必要になる。日本は世界の中でもパートタイム労働者が多いので、こうした概念の統計を作成する必要性が高い。それにもかかわらず、実際の統計ではこうした概念が用いられていない。

日本と韓国のどちらが豊かなのか？

以上の検討によって、国民1人当たりGDPと平均賃金、あるいは生産性（就業者数当たりのGDP）のどれを見るかによって見え方が異なる場合がある理由が分かった。しかし、「では、どちらの国が豊かなのか？」という問題が依然として残っている。

1人当たりGDPは、一見したところ「国民1人当たりで1年間にどれだけを使えるか」を示しているように思われる。

しかし、GDPの中には、消費だけでなく、設備投資や政府支出も含まれている。これらは、個人の支出ではない。

さらに、GDPには固定資本減耗引当が含まれている。これは、誰の所得にもならない。

それに対して、賃金は、就業者が自由に使える。

その意味では、平均賃金が高い国のほうが豊かだと言えよう。また、賃金が高ければ、一定の所得を得るための労働時間は少なくて済む。そして、働かない時間（レジャー）は、経済的な意味を持っている。それが多いという意味では、高賃金が豊かさの指標としてより適切だと言える。また、就業者1人当たりのＧＤＰ（生産性）が高いということは、高度な技術を持っていることを示すとも言える。

以上を考えると、1人当たりＧＤＰより、賃金や生産性のほうが豊かさを適切に表している指標だと考えることができるだろう。

6．社会体制と政策の固定化が、産業構造の改革を阻止した

高度成長を支えた製造業

日本の産業構造は、1950～60年代の高度成長を通じて大きく変わった。農業と軽工

図表2－7　製造業と非製造業の付加価値の推移

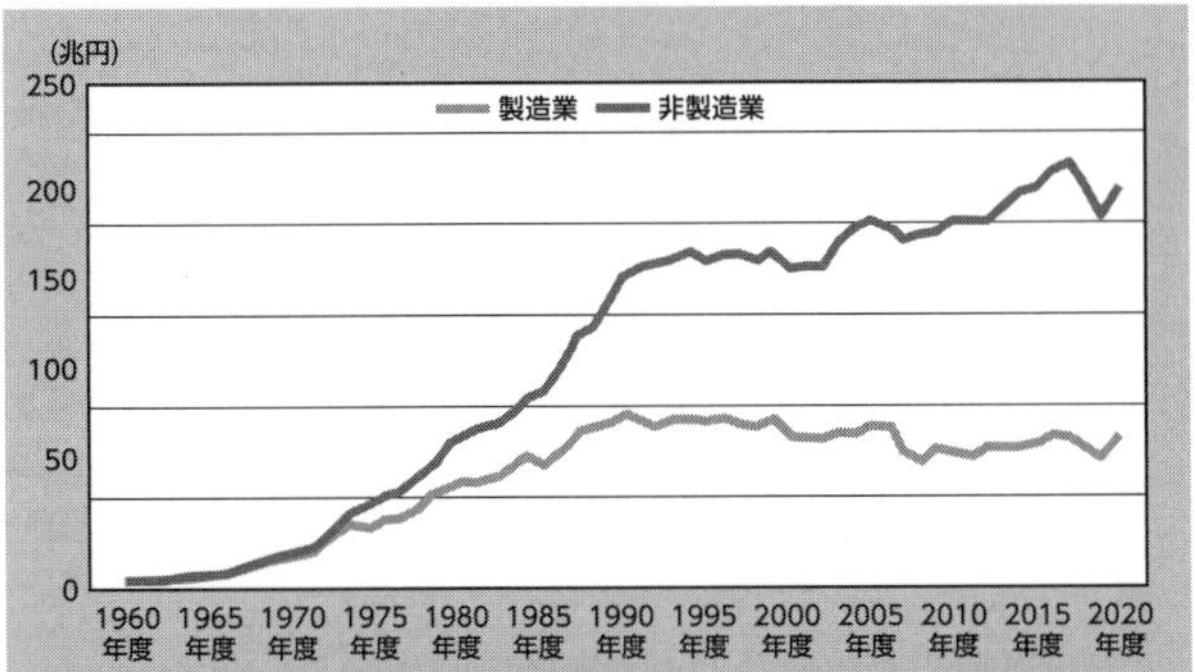

※法人企業統計調査では「付加価値額＝人件費＋支払利息等＋動産・不動産賃借料＋租税公課＋営業純益」と定義されている。

法人企業統計調査のデータより著者作成

業を中心としたそれまでの産業構造から、重化学工業を中心とする産業構造に転換したのだ。そして、製造業が高度成長を支えた。1975年頃、日本の最も重要な産業は製造業であった。製造業はリーディングインダストリーであり、日本の屋台骨を支えていた。

1970年代のオイルショックで日本の回復が早かったのは、製造業が省エネを進めて原油価格高騰に対応し、また、賃金を抑えることによってインフレの亢進《こうしん》を回避したからだ。

法人企業統計調査によると、製造業と非製造業の付加価値の推移は、図表2－7のとおりだ。

1960年から75年の間に、製造業の付加価値は3・9兆円から32・6兆円となり、非製造業の付加価値は3・0兆円から45・1兆円となった。

中国工業化の影響で製造業が打撃を受ける

しかし、1970年代後半になると、製造業と非製造業の成長率に差が生じてくる。

これは、中国工業化の影響である。製造業は1980年代には停滞に陥り、90年代から2000年代の初めまでは、停滞どころか付加価値が減少する事態になった。さらに、2008年のリーマンショックによって、製造業の付加価値は大きく落ち込んだ。

非製造業も、1990年代には停滞に陥ったが、2000年代以降は成長を続けた。その結果、製造業と非製造業のウエイトが大きく変わった。

就業者数で見ると、1973年には、製造業1440万人に対して、卸売小売業と飲食店の合計が1077万人だった。この頃に比べれば、現在の製造業のウエイトは、大きく低下した。2021年における製造業の就業者数は1045万人であり、「卸売小売業」の1069万人とほぼ同じだ。

1975年には両者はほぼ等しかったのだが、2021年には、製造業の付加価値が

81・3兆円に対して、非製造業の付加価値が218・7兆円と、2・7倍になっている。いまや製造業は、日本のリーディングインダストリーとは言えない。

政策体系がいまだに製造業中心

製造業の比率が低下したにもかかわらず、いまだに政策や社会構造に反映されていない。経済政策は製造業のためのものになっている。とりわけ、製造業大企業のためのものだ。製造業の大企業は、円安になると利益が増える場合が多い。こうした立場が経済政策において優先され、金融緩和政策が進められている。つまり、日本社会の基本的な構造が、1975年頃のもので固定されてしまっているため、政策の体系、政治の仕組み、組織の構造、高等教育の内容などが変わっていない。

産業構造が変わったのだから、それに応じて社会の仕組みも変わるべきだ。そうならなかったことが、いまの日本経済の停滞をもたらしたと考えることができる。

医療・福祉以外に成長産業がない

2000年代になってからの産業構造は、どう変化したか？　図表2－8は、これを7

図表2−8　産業別就業者の推移

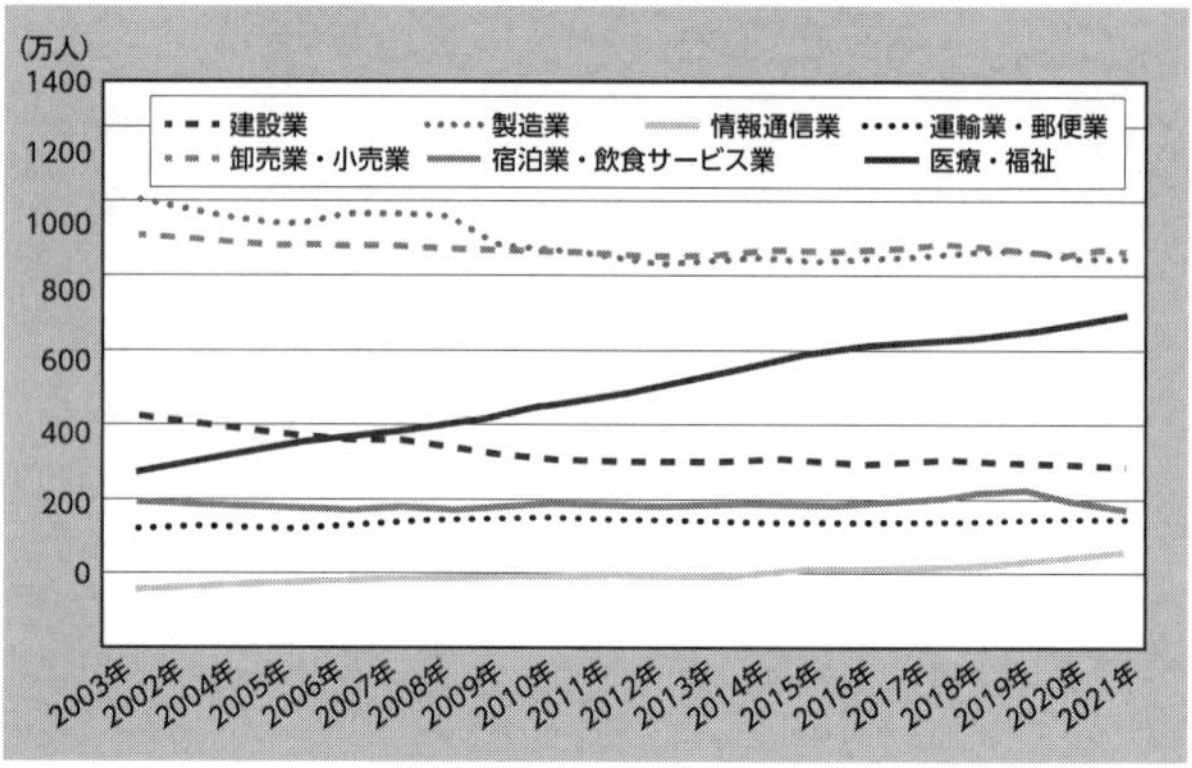

労働力調査のデータより著者作成

産業の就業者数の推移によって示している。

医療・福祉では、就業者が2002年の474万人から21年の891万人まで増えた。これは、人口高齢化によって医療・福祉に対する需要が増えていることの反映だ。とりわけ、介護サービスへの需要が増えている。そのため、この分野は増大せざるを得ない。

問題は、医療・福祉以外に就業者が顕著に増加している産業がないことだ。就業者が増えているのは、情報通信業だけだ。ただ、増えているとはいっても、顕著な変化ではない(02年の158万人から、21年の258万人へ)。

その他の産業では、就業者総数の減少に応じて、就業者数が減っている。そして、割合はあまり変わらない。

こうして、2000年以降、医療・福祉を除けば、日本の産業構造はほぼ固定化してしまった。つまり、日本では、この20年間、産業構造の転換が進んでいない。

社会の構造や政策が、製造業中心の時代から変わっていないと述べた。このことが、新しい産業を生み出すための障害になっている可能性が高い。最初に就職した企業でいつまでも働くという仕組みや退職金が人々の企業間移動を阻害していることなどもその一例だ。

アメリカでは大きな構造変化が起きた

アメリカでは、製造業のファブレス化が進んでおり、半導体の分野で顕著だ。アメリカ企業は設計に特化し、台湾などの企業に製造工程を委託するという仕組みである。アップルがその典型だが、ほかにも数多くのファブレス企業が登場し、高い生産性を上げている。

また、GAFAと呼ばれる新しいIT企業群が急成長した。

こうして、アメリカの産業構造は、この20年間で一変した。

しかし、日本では、それに対応した変化が起きていない。ファブレス化も、キーエンスなどごく一部の企業に限られている。

日本では新しい産業への人材移動が起きていない

日本経済にとっての重要な課題は、人口高齢化による就業者総数減少下で、成長産業の労働力をどのように確保するかだ。

現状、うまくいっていないことを象徴するのが、雇用調整助成金だ。コロナによって増大した休業者を失業させないために特例措置が導入され、給付条件が大幅に緩和された。当初は数カ月のみの予定だったが、何度も延長された。これが、就業者が他産業に移動する妨げとなっている。やっと特例は2023年3月末に廃止され、人材育成、リスキリングを重視する方向を打ち出した。

なお、人材不足が深刻なのは、医療・福祉だけでない。デジタル人材の不足も深刻だ。これに対応するには、リスキリングだけでは十分でない。高等教育機関でのデジタル分野の拡充が必要だ。

大学でいかなる人材を育成するかは、将来の産業構造に大きな影響を与える。変化への対応が最も遅れているのは、国立大学だ。農学部が、学生数でも教授数でも、いまだに大きな比重を占めている。これでは、高度成長期以前の姿と言わざるを得ない。

まとめれば、次のようになる。

1. 1950〜60年代の高度成長期と70年代のオイルショックへの対応において、製造業が中心的な役割を果たした。
2. しかし、1970年代後半から中国工業化の影響によって、製造業が頭打ちになった。それにもかかわらず、社会構造や企業の構造、経済政策の体系は、それまでと同じ製造業中心の仕組みで変わらなかった。
3. 1990年頃から日本全体の経済成長が止まった。経済制度が古いままなので、新しい産業が生まれない。

7. GDPの構造を無視する経済政策は有効でない

企業会計では「利益」を重視し、「付加価値」を軽視する

企業の経済活動を測定する基本的な指標は、「付加価値」だ。そして経済全体の活動規模を測定する指標は、付加価値の合計であるGDPだ。このように、企業会計とGDP計

算は密接に結びついている。

それにもかかわらず、これまで両者はバラバラに論じられることが多かった。企業会計では、付加価値ではなく、営業利益、経常利益、純利益など、利益に関する指標の分析が強調される。そして、それらと売上高や株価との比率が問題とされる。

このように企業の業績が付加価値ではなく利益によって評価されるのは、本章の1で述べたように、企業を投資の対象として見ているからだろう。

こうしたアプローチが必要であることは言うまでもない。しかし、異なる側面を重視したアプローチも必要だ。例えば、企業を人々が働く場として捉え、いかにすれば賃金が上昇するかを検討するというアプローチだ。この場合は、賃金の原資となる付加価値を分析の中心に据える必要がある。そして、個々の企業だけでなく、すべての企業を分析の対象とする必要がある。以下では、そうしたアプローチの第一歩として、GDP計算の基本原則である「三面等価の原則」について説明しよう。

生産活動、付加価値、GDP

まず、簡略化のため、外国との経済取引がまったくなく、日本国内だけで完結した経済活動が行われている場合を考えよう。

企業（個人企業を含む）は、原材料を購入し、資本と労働（これらを「生産要素」という。資本とは、工場、機械、店舗など）を用いて製品を作り、販売する。これを表す指標が売上高だ。

売上高から売上原価を差し引いたものを「付加価値」という。マクロ経済学では、付加価値＝産出額－中間投入額と表現する場合が多い。

自動車の組み立てを行う企業を例に考えると、部品などを部品製造企業から購入し、労働者が工場の機械を用いて自動車を組み立てる。そして販売する。販売額は、部品の購入額よりも、付加価値の分だけ多くなっている。製造業では、この例のように「財」が生産されるが、非製造業では「サービス」が生産される（例えば、輸送サービス）。

一定の期間（通常は1年間）に国内で生産された付加価値の合計を「ＧＤＰ」という。これが「生産面から見たＧＤＰ」だ。

支出面から見たGDP

生産されたもののうち、それ以上加工が加えられないものを「最終財・サービス」という。これには、家計消費、住宅投資、設備投資、政府消費、政府投資がある。

公務員のサービスは、政府消費に含まれる。これは、公務員に対する給与の支払額で測定される。なお、医療給付のうち、保険負担分も政府消費とみなされる。政府による投資とは、道路、橋などの社会資本への投資だ。

ところで、1年間に生産されたすべてのものが、その年に売れるわけではない。売れ残りは、生産者の在庫として積み上がる。他方で、1年間に売れるものは、その年に生産されたものだけでなく、在庫の取り崩しによって賄われるものもある。

この点を調整するために、GDP統計では、「在庫投資」が最終需要の一項目として設けられている。在庫投資まで含めて考えれば、最終需要の合計は、生産面から見たGDPに等しくなることが分かる。そこで、以上で述べたものを「支出面から見たGDP」という。

分配面から見たGDP

企業の生産活動によって生み出された付加価値は、さまざまな生産要素に分配される。それらを経済全体で合計し、雇用者報酬、財産所得、企業所得に分類する。これに固定資本減耗を加えたものが、分配面から見たＧＤＰだ（「固定資本減耗」については、後述）。

ところで、一企業におけるこれらの合計額が付加価値であり、経済全体の付加価値が「生産面から見たＧＤＰ」だ。そのため、分配面から見たＧＤＰは、生産面から見たＧＤＰに等しいことが分かる。そして、すでに述べたことにより、支出面から見たＧＤＰとも等しい。これを「三面等価の原則」という。

政府も付加価値を生産する

「生産面からのＧＤＰ」の説明では、付加価値の生産主体として、民間企業を想定した。しかし、付加価値の生産主体としては、国や地方公共団体などの公共部門も含まれる。そして、公務員が「公共サービス」を生産していると考えている。

「経済活動別国内総生産（名目）」を見ると、「公務」は28兆円（２０２０年）だ。これは、「金融・保険業（23兆円）」と同程度の大きさだ。

そして、それを公共部門が購入していると考え、支出面での「政府消費」の中に含まれている（政府最終消費支出は１１３兆円）。このようにみなすことによって、三面等価の原則が成立している。

固定資本減耗は巨額

これまでの説明で、「固定資本減耗」というものが出てきた。これは何か？

企業が生産活動に機械を使っているとする。この機械は1000万円だが、10年間使えば、価値がゼロになってしまうとしよう。この機械の費用計上は、購入時でも廃棄時でもなく、毎年行うのである（どのように割り振るかは、いくつかの方法がある）。例えば、毎年同額とすれば、1年で100万円ずつ費用が発生する。これを「資本減耗（減価償却）」という。

GDPの計算でこれに対応するのが、「固定資本減耗」だ（厳密には減価償却と同じものではないが、ほぼ同じと考えても支障はない）。分配GDPの一項目として計上されているが、誰の所得にもならない。2020年において、固定資本減耗は136兆円だ。これは、賃金報酬283兆円の半分近く、営業余剰74兆円の倍近くという巨額のものだ。

なぜ三面等価の原則は重要なのか？

例えば賃金を増加させたいとしよう。もし他の分配項目（例えば営業余剰）を減少させないのであれば、分配面のGDPが増加する。

したがって、三面等価の原則から、生産面で付加価値の合計も増加しなければならない。つまり、賃金だけが増加してそれで終わりというわけにはいかない。賃金の増加は、孤立して行えるものではなく、生産面での変化を伴わずには実現できないものなのである。

デジタル化もそうだ。デジタル化を進めるとは、付加価値生産の構造を改革することだが、分配面や支出面の変化を伴わなければ実現できない。これまでの賃上げ政策やデジタル化政策に有効性がなかったのは、このような観点を欠いているからだ。

第2章のまとめ

1. 1990年代の初めに、製造業が人減らしを始めた。これは、中国工業化の影響だ。それによって従業員1人当たりの売り上げは増えたが、ビジネスモデルの改革が行われなかったため、賃金は上昇しなかった。非製造業では、人員を増やしたため資本装備率が低下し、賃金を上げることができなかった。

2. 賃金は労使交渉によって決まるものだと考えている人が多い。しかし、その考えは間違っている。賃金の水準を決めるのは付加価値であり、それを決める資本装備率と技術水準だ。これらが改善されない限り、長期的に賃金水準が上がることはない。

3. 賃金は、企業規模や産業によってかなり大きな差がある。しかし、これは賃金への分配率の違いによってもたらされるものではない。分配率は、むしろ賃金の低い部門で高い。賃金の差は、資本装備率の差によってもたらされる。

4. 90年代に起きたIT革命に対応できなかったため、日本はアメリカに抜かれた。

一方、韓国は成長を続けている。

5．韓国は、平均賃金水準で日本を抜いた。しかし、1人当たりGDPで見ると、日本のほうが高い。では、どちらが豊かな国なのだろうか？　この問題を考えるにあたって、パートタイム労働者の比率が、重要な意味を持つ。「フルタイム当量」で測る必要がある。

6．製造業は高度成長期の日本の中心産業であったが、70年代後半以降、中国工業化の影響で比重を落とした。それにもかかわらず、社会体制も政策も変わらなかったので、新しい産業が成長できなかった。アメリカで大きな構造変化が起きたのと対照的だ。

7．GDPは、生産面、支出面、分配面のどれから見ても同額になる（三面等価の原則）。そのため、ある面で変化が生じれば、他の面にも影響が及ぶ。これまでの経済政策は、この点を無視しているので、有効打になり得なかった。

第3章

今後の日本経済はどうなる？

1. 日本の成長率はなぜ低いのか？ 成長率が低いのは高齢化のためか？

日本の成長率が著しく低いため、賃金で韓国に抜かれた

日本の賃金が低いことが問題になっている。アメリカとの間には、2倍近い差が生じてしまった。最近では、韓国が賃金の水準で日本を抜きつつある。

この背景には、経済成長率の格差がある。アメリカも韓国も高い成長率を続けているのに対して、日本は長期停滞に陥っている。

2010年から20年にかけて1人当たり実質GDPがどの程度増えたかを見ると、アメリカが10・3%、韓国が23・2%だったのに対して、日本は5・0%でしかなかった（IMFのデータによる）。

なぜ、このような成長率格差が生じたのだろうか？ 経済成長を決定する要因にはさまざまなものがある。それらの中で、労働の量と質は最も重要な要因だ。本項では、この問

題について、日米韓の比較を行うこととしよう。

人口成長率が低いと、1人当たりGDPの成長率も低くなる

まず人口の量的な側面について考える。

人口成長率が高い場合に、GDPの成長率が高くなるのは、当然のことだ。それだけでなく、1人当たりGDPの成長率も高くなるのが普通だ。

人口の成長率が高いと、総人口の中での生産年齢人口(15~65歳)の比率が高くなる。そして、退職後人口である高齢者の比率が低くなる。このために、1人当たりのGDP成長率が高くなるのである。これは、「人口ボーナス」と呼ばれる現象だ。日本でも、高度成長期には、そのような人口構成だった。

しかし、いまでは、出生率が低下した結果、生産年齢人口の比率が低下し、その半面で高齢者人口の比率が高くなっている。これは「人口オーナス」と呼ばれる現象だ。日本の経済成長率が低下している大きな要因であることは間違いない。

2020年の状況を見ると、図表3－1のとおりだ。アメリカの出生率は高いため、人口成長率が高く、65歳以上人口の比率が低い。それに対して、日本は人口成長率がマイナ

図表3－1
人口増加率と高齢化率

	総人口の年平均増減率(%)	65歳以上人口(%)
日本	−0.5	31.2
韓国	0.3	15.8
アメリカ	0.7	16.6

スになっており、65歳以上人口の比率が著しく大きい。アメリカの経済成長率が高く、日本の成長率が低い大きな原因がここにある。

韓国の人口成長率は、日本とアメリカの中間の状態で、65歳以上人口の比率は、アメリカと大差がない。高齢者という重荷は、日本に比べると大分低いということができる。

出生率は高められないが、労働力率は高められる

以上の状況を改善するため、日本の出生率を高めるべきだという議論が行われる。岸田内閣も、少子化対策を重要施策として推進しようとしている。

しかし、仮に出生率を高めることができたとしても、それで経済条件がすぐに好転するわけではない。なぜなら、当然のことであるが、生まれた人間が生産年齢人口に達するまでには、15年程度のタイムラグがあるからだ。

したがって、出生率を高めても、従属人口が増えてしまい、直近の経済成長においては重荷になってしまう。日本にとって、出生率を高めることは、もはや有効な成長戦略にはなり得ない。

ただし、日本の場合にも、労働力率を高めることは可能だ。まず、女性と高齢者の労働力率を高めることが考えられる。特に重要なのは、女性の労働力率を高めることだ。日本の女性の労働力率（２０１９年における15歳以上の女性労働力の人口の割合）は、53・５％である。アジア諸国の中では高いとはいうものの、ヨーロッパ諸国に比べると低い。なお、アメリカは57・４％、韓国は53・９％だ。

移民を受け入れるにはタイムリミットがある

もう一つの方策は、外国人労働力に頼ることだ。日本の移民受け入れ度は、極めて低い。それに対して、アメリカは非常に高い。アメリカは、出生率が高いだけではなく、外国人労働力を積極的に受け入れていることで高い成長率を可能としている。

量的な面だけでなく、質的な面でもそうだ。シリコンバレーのＩＴ革命は、インド人と中国人によって行われたと言われる。能力の高い外国人を受け入れてきたことが、アメリカの発展の重要な要因なのだ。

実際の移民だけではない。インターネットを通じて外国人がアメリカ企業の仕事を請け負う「デジタル移民」も増えている。

以上から分かるように、日本は出生率が低いから低成長が不可避だと諦めるのは、間違っている。克服するための方策を考えるべきだ。

とりわけ、本来であれば移民を認めるべき客観情勢にあるにもかかわらず、日本がこれに対して拒否反応を示していることは、大きな問題だ。

日本人は、日本が認めさえすれば外国人労働者は日本に来てくれると思っている。確かに、これまではそうだったかもしれない。

しかし、今後もそうした状況が続くとは思えない。日本の賃金水準が低下しており、日本に来ることの魅力が減少してしまっているからだ。現在の状況が続けば、賃金の低い日本には人が来なくなる。それどころか、日本人が外国に働きに行かざるを得ないような事態になることすら考えられる。

人口要因を克服して日本経済の成長率を高めるのは、不可能ではない

以上をまとめると次のとおりだ。アメリカは、人口増加率が高く、女性の就業率も高い。さらに移民を積極的に受け入れている。こうしたことによって、労働力の量的な観点から見て、経済成長率を高める条件が整えられている。

韓国は、人口増加率はあまり高くないし、女性の労働力率もそれほど高くはない。しかし、教育力によって労働力の質的な向上を図っている。

日本は出生率が低いという点で、重荷を負っていることは間違いない。しかし、この問題は決して解決できないものではない。とりわけ重要な方策として、外国からの移民の受け入れがある。そして、高等教育機関の質的向上が図られなければならない。それによって、日本経済の成長率を高めるのは、決して不可能なことではない。

2. 新人口推計と外国人労働力

世界で突出する日本の高齢化

国立社会保障・人口問題研究所の推計（出生中位、死亡中位推計）によれば、15歳から64歳の人口は、2040年に6213万人となる。これは、20年の7509万人の83％でしかない。

労働力率が変わらなければ、40年の労働人口は、20年時点の83％まで減少することになる。それまでに労働力率を引き上げればよいが、いくつかの問題がある。

中国や韓国でも出生率の低下が続いているが、日本の少子高齢化はそれらの国よりはるかに進んでおり、将来の労働力減少も世界に例を見ないほど顕著だ。

世界銀行のデータによれば、20年時点の合計特殊出生率は中国で1・28、韓国で0・84となっている。一方、日本は1・34であり、この点では韓国のほうが深刻だ。

しかし高齢化の度合いでは、日本が突出している。総務省の資料によると、21年時点における日本の65歳以上の人口比率は29・1％であり、世界で最も高齢化が進んでいる。これに対して、中国の65歳以上の人口比率は14・2％、韓国は16・8％だ。

高齢者の活用は生産性向上に寄与しない

労働力率を向上させることが考えられている。高齢者の労働力活用に関しては、政府が定年制度の見直しなどを進めている。また女性の労働力率向上については、政府が女性の活躍推進や育児支援策を実施している。

こうした施策によって、数字上では労働力は増加するだろう。しかし、それが生産性の向上につながる保証はない。

実際、女性の労働力率は上昇しているが、非正規労働者が多い。また高齢者の場合、スキルの問題があり、労働力率の上昇がかえって生産性を下げてしまう危険性もある。

女性の労働力率引き上げに関しては、家庭や職場での役割分担や働き方の改善が求められる。労働力率は高まっているものの、管理職や専門職への登用が進んでいない。このため、生産性の向上には問題が残されている。

外国人労働者に見放される日本

高齢化による労働力減少を背景として、日本においても外国人労働者の活用が重要な課題となる。ところが実際には、日本の労働力人口に占める外国人労働者の比率は、他の先進国に比べて低い。

厚生労働省「外国人雇用状況」によると、2022年10月末時点の外国人労働者数は約182万人だった。これは、労働力調査による労働力人口6908万人の約2・6%でしかない。

日本における外国人労働者比率の低さに、言語や文化の壁、制度上の制約などが影響していることは事実だ。政府は技能実習制度や特定技能制度の導入など、外国人労働者の受け入れ拡大に向けた取り組みを進めているが、現状では十分な効果が上がっていない。

実際、日本における外国人労働者受け入れ制度は諸外国と比べて厳しい。ビザの種類や資格要件が複雑で、滞在期間が限定されるなど、ハードルが高い。

現行の技能実習制度や特定技能制度では、外国人労働者の柔軟な受け入れが困難で、労働市場のニーズに十分に対応できていない。また、生活環境や待遇面でも問題が多い。受け入れ制度の見直しや、外国人労働者が活躍できる環境整備など、持続可能な労働市場の構築が求められる。

ただし、外国人労働者の受け入れは、日本が窓口を広げただけで実現するものではない。特に問題なのは、賃金上昇率が低いため、外国人労働者にとって日本で働くインセンティブが減少していることだ。

とりわけ2022年においては急激に円安が進行し、アジア諸国の労働者にとって、現地通貨換算での収入が低下するという問題が生じた。こうした状況が続けば、日本の外国人労働者が他国へ流出してしまうという悲惨な結末が懸念される。

受け入れ制度の見直しは急務だが、それだけでなく、通貨安定や賃金の上昇など、経済パフォーマンスを向上させることも不可欠だ。

AIは労働力不足を解決してくれるか?

生産性向上のために、デジタル化は大きな効果を発揮する。労働力不足下においては、人間の代わりに仕事をしてくれるAI技術が特に大きな効果を発揮する。

AI技術は、まず輸送サービスにおいて自動運転技術として利用され、労働力不足の緩和や効率化に寄与するだろう。また流通業やサービス業においては、顧客対応や在庫管理などの業務をＡＩが担うことで、省力化が図られるだろう。作業コストが非常に大きい倉庫管理では、ＡＩ化が特に重要な課題だ。

もう一つの重要分野は介護だ。この分野では、すでに人手不足が深刻な問題になっている。今後、要介護人口が増え、しかも労働力が不足するので、極めて深刻な事態に直面することは間違いない。先に述べたように日本の経済的な地位が低下したため、これまでフィリピンから来日していた介護人材がオーストラリアに流れてしまうといった事態がすでに発生している。

こうした事態に対処するため、介護ロボットの利用は重要な課題だ。スーツ型のロボットを着用して要介護者を持ち上げたり、排泄介助をロボットで行ったりすることで、介護者の負担を軽減する必要がある。

いま進歩が目覚ましい生成ＡＩの活用も重要だ。流通業をはじめとするサービス産業において、生成ＡＩは顧客対応の自動化や省力化に大きな役割を果たすだろう。また、企業内における事務処理の自動化や省力化も進むだろう。それは、生産性向上や賃金上昇にもつながる。

ただし、ＡＩ技術の導入によって雇用機会が減少したり、デジタルデバイドが拡大したりすることも懸念される。またＡＩの導入には、デジタル人材が不可欠だ。政府や企業は、こうしたことに関する対策を進める必要がある。

3. 貿易収支が20兆円の赤字に

貿易収支が巨額の赤字に

日本は２０２２年11月から、貿易収支の赤字が続いている。

そして、22年通年の貿易・サービス収支は、約21・２兆円という巨額のものになった（貿易収支は、約15・７兆円の赤字）。

こうなるのは、資源価格の高騰が理由だが、日本の産業構造が古いままであることも原因だとする指摘もある。円安が止まらない要因も、（日米金利差が拡大しているためだけでなく）産業構造改革の立ち後れが原因になっているとの考えがある。

以下に見るように、現在の日本の産業構造には、さまざまな問題がある。とりわけ、世界経済の大きな変化に追いついていないことが問題だ。

産業構造は、経済全体のパフォーマンスに大きな影響を与える。その動向を正しく捉えることは、さまざまな局面で重要だ。

国際収支の構造

貿易赤字がなぜ問題なのか？　それを理解するには、国際収支の構造を知っておく必要がある。

国際収支は、貿易収支、サービス収支、所得収支からなる。そして金融取引と外貨準備を合わせれば、原理的には収支がゼロになる。

世界各国は、国内経済活動を行うとともに、他国との間で国際的な経済取引を行っている。輸出・輸入や金融取引などだ。日本の場合も、国際的な経済活動は、重要な意味を持っている。

国際的な経済活動のパタンは、その国に存在する天然資源の状況や経済発展段階などによって異なる形を取る。日本の特徴は次の2点だ。

貿易では、原油やLNG（液化天然ガス）などの天然資源を輸入し、工業製品を輸出している。「日本は天然資源に恵まれていないので、工業製品を輸出する貿易立国を目指す必要がある」とは、高度成長期の頃からの基本的な方向付けだった。日本は、その方針に従って経済発展を進めてきた。

しかし、その後、世界経済には大きな変化が生じた。そして、貿易立国をめぐっては、さまざまな条件変化が生じている。それに応じて国内の産業構造を変えていくことが必要だ。

日本の場合、1980年代頃からの世界経済の変化に、経済構造を適切に調整できなかった面がある。現在の日本経済不調の原因も、ここに見いだすことができる。

日本の輸入品目は原材料品だったが、最近では工業製品が増える

日本の輸入品の中で最大の比率を占めるのは、原油や液化天然ガスなどの鉱物性燃料と、鉄鉱石などの原材料だ。

2022年における総輸入額（JETRO、ドル建て貿易概況）のシェアを見ると、鉱物性燃料が28・2%だ（うち原油および粗油が11・2%、液化天然ガスが7・1%）。

それに対して、輸出の内訳は、一般機械が19・3%、輸送用機器が19・3%（うち乗用

車が13・2%)、電気機器が17・7%となっている。

ただし、工業製品の輸入が増えていることには注意が必要だ。特に電気機器について、そうだ。2022年の計数を見ると、電気機器の輸出が1328億ドル、輸入が1320億ドルで、差がない。日本はもはや、電気機器の輸出大国とは言えないのだ。

これは、基本的には、中国をはじめとする新興国が工業化に成功し、世界市場でのシェアを高めてきたからだ。日本の輸出は、それに侵食されて、世界シェアを低下させていったのである。

貿易収支と経常収支

日本は、巨額の対外資産を保有している。外国政府の国債のような金融資産もあるし、海外に建設した工場のような実物資産もある。これらから利子収入や配当金が生じる。また、海外から借り入れをしている場合には、利子の支払いが必要になる。

この収支が、「第1次所得収支」と呼ばれる。このほかに、「第2次所得収支(官民の無償資金協力、寄付、贈与の受け払いなど)」がある。

国際収支の全体像は、次のようになっている(2021年の計数)。

まず、貿易収支がある。輸出（x）が82・4兆円、輸入（m）が80・6兆円。その差（x-m）である貿易収支（t）は、1・8兆円の黒字だ。

次に、サービスの取引がある。これは、国際的な貨物や旅客運賃などだ。日本のサービス収支（s）は、恒常的に赤字になっている。2021年では4・2兆円の赤字だ。以上を合わせた「貿易・サービス収支（t+s）」は、2・5兆円の赤字だ。

所得収支（f）は、第1次所得収支が26・4兆円という巨額の黒字、第2次所得収支が2・5兆円の赤字だ。貿易・サービス収支と所得収支の和（t+s+f）である経常収支（c）は、21・5兆円の黒字になっている。

以上は実物的な取引だが、この裏側に金融収支（f）がある。経常収支が黒字であれば海外への投資がなされて対外資産が増え、赤字であれば借り入れがなされて対外負債が増えたり、対外資産が取り崩されたりする。

赤字拡大の直接の原因は、資源価格高騰と円安

2022年の貿易・サービス収支は約21・2兆円の赤字となった。この原因は、対前年比で見て、輸出が18・2%の増にとどまったのに対して、輸入が39・2%増という極めて

高い値となったからだ。

輸入が増加した主たる原因は、資源輸入額が急増したことだ。輸入額を対前年比で見ると、原粗油が91・5%、鉱物性燃料が178・1%、液化天然ガスが97・5%の増という極めて高い値になった。資源輸入額の増加は、そのほとんどが価格の上昇による（輸入全体の数量指数は、対前年比で0・3%減と、むしろ低下している）。

輸入価格の急騰は、ドル建ての資源価格の高騰と円安という2つの要因による。

為替レートの平均は、2021年が1ドル＝109・41円、2022年が130・77円なので、対前年比で19・5%の円安だ。したがって、輸入全体で見れば、対前年比39・2%のうち、ほぼ半分がドル建て価格上昇の結果であり、ほぼ半分が円安によるものだ。

ただし、原油などについては、ドル建て価格上昇の影響のほうがずっと大きい。

円安は輸出量を増やさず、国内の生産活動を活性化しない

2022年の輸出は対前年比18・2%の増加となったが、為替レートは19・5%の円安になったので、輸出額の増加は、円安による名目上のものにすぎないことが分かる。実際、輸出数量の対前年比は、1・9%の減となっている。

しばしば「円安が輸出を増やす」と言われる。しかし、実際にはそうした効果はないのだ。2022年の急激な円安の中で、改めてそのことが確認された。

輸出数量が増えないのだから、円安は国内の経済活動を活発化する効果を持たなかったことになる。これは、2022年の第1四半期から第3四半期までの鉱工業生産指数が、95・7、93・1、98・5と、ほとんど変化していないことを見ても分かる。

それにもかかわらず、製造業（特に大企業）の利益は増加している。これは、輸出額増加によるメリットは享受しつつ、輸入価格の上昇による原価増を売り上げに転嫁してしまうからだ。

貿易赤字はなぜ問題か?

資源価格高騰と円安が収まれば、貿易赤字拡大は一時的なものに終わるかもしれない。しかし、構造的問題もある。それを考えると、貿易サービス赤字20兆円というニュースは、決して無視できない深刻なものだ。

実際、赤字拡大の要因としては、これまで見てきた要因のほかに、長期にわたって継続している構造的要因もある。為替レート変動の影響を除去するためにドルベースで200

4年と2021年の収支を比べると、次のとおりだ。

まず、貿易収支は、2004年には1103億ドルの黒字だったところから、2021年には159億ドルの赤字へと1262億ドル悪化した。

これには、原油価格上昇が影響している。鉱物性燃料（原油、液化天然ガス、石炭など）の赤字は962億ドルから1457億ドルへと、496億ドル増加した。

ただし、赤字拡大要因は、それだけではない。鉱物性燃料を除く貿易収支を見ても、2065億ドルの黒字から1309億ドルの黒字へと、756億ドルも縮小しているのである。

財別に見ると、輸出・輸入差額の減少が最も大きいのは資本財の中の電気機械で、484億ドルの減だ。輸出・輸入差額が、2004年の662億ドルの黒字から、2021年の177億ドルの黒字へと縮小している。

つまり、鉱物性燃料の輸入増加額とほぼ同額の変化が、電気機械の輸出額の減少という形で生じているのである。

かつては日本の輸出の花形であった電気機械が、このような状態になっている。これは、日本の競争力が低下していることを端的に示すものだ。その意味で、極めて深刻だと言わざるを得ない。

海外生産の変化が貿易赤字拡大の原因ではない

貿易赤字が拡大しているのは、日本企業の生産拠点が海外に移っているからだとする意見がある。

海外生産比率に関しては、内閣府のレポート「企業行動に関するアンケート調査報告書」（2022年3月）がある。これによると、2022年の製造業の海外現地生産比率は23・12％だ。輸送機器では、海外現地生産比率は34・67％という高さだ。繊維製品や電気製品でも3割を超えている。

しかし、海外生産比率は急に高まったわけではない。1980年代以降、2013年まで、ほぼ一貫して上昇し続けてきた。比率が急激に上昇したのは、アベノミクスの直前だ（2012年の17・7％から13年の21・6％に上昇）。これは、いまから10年も前のことである。

最近では、海外生産比率は、むしろ低下している。「海外事業活動基本調査」（経済産業省、2020年9月調査）によると、2021年度の製造業現地法人の海外生産比率（国内全法人ベース）は25・8％で、前年度に比べて2・2％ポイントの低下だった。

4．経常収支が赤字になるとどうなる？

重視すべきは経常収支

貿易収支も重要だが、基本的に重視すべきは経常収支だ。

2021年の数字を見ると、サービス収支が約4兆円の赤字、所得収支が約18兆円の黒字だ。

これが将来も続くとすれば、貿易収支が20兆円以上の赤字になると、経常収支が赤字になってしまう。

2022年の経常収支は、こうした状態に近づくだろう。これまで傾向的な黒字だったのとは、違う状況になる。実際、第1四半期から3四半期までの経常収支計を見ると、2021年の17兆9391億円から、2022年の9兆6704億円へと減少している。

本節の冒頭で述べた20兆円という数字は、日本が対外収支の面で大きな曲がり角に来たことを示しているのだ。

経常収支が赤字になるとどうなる?

経常収支の赤字が続くと、対外資産を取り崩したり、借り入れしたりすることが必要になる。

日本の対外純資産は約400兆円と、極めて巨額だ。だから、仮に経常収支が年間数兆円の赤字になったとしても、問題はないと考えられるかもしれない。つまり、日本は体力が衰えた老人のようなものであって、若いときに蓄えたものが十分あるので心配する必要はないだろうということだ。

しかし、対外純資産を取り崩して残高が減れば、所得収支も減少することに注意しなければならない。そうなれば、経常赤字はさらに拡大することになる。こうして、加速度的に事態が悪化してしまう危険がある。

後で述べるように、アメリカの経常収支は恒常的に赤字だが、世界中から投資があるので問題ない。しかしこれは、アメリカ経済が将来さらに発展するだろうとの期待があるから可能なことだ。残念ながら、日本の状況とは大きく違う。それだからこそ、冒頭で述べた貿易赤字20兆円とのニュースは、重大な意味を持っているのだ。

「有事に弱い円」になったのか？

最近になって、日本の国際収支に変化が生じている。季節調整済みの貿易・サービス収支が、２０２１年６月から赤字を続けており、その結果、経常収支の黒字が縮小しているのだ。

２０２２年３月までは、季節調整後の経常収支の黒字は１・５兆円程度が続いていたのだが、22年10月には赤字になった。これは、原油価格などの値上がりによって、輸入価格が上昇したためだ。

その意味では、短期的な問題である可能性が高い。ただ、それだけでなく、長期的にも問題がある可能性がある。

図表３－２に示すように、日本の貿易・サービス収支は、１９９０年代の中頃から、恒常的に黒字を続けてきた。２００７年頃までは、年間５兆～10兆円程度の黒字だった。

それに加えて、第１次所得収支が巨額の黒字であったため、経常収支が安定的に黒字を続けるのは、間違いないことのように思われていた。

ところが、貿易・サービス収支の黒字は、２００８年9月のリーマンショックをきっかけに急減少し、11～15年の間は赤字を続けた。その後、黒字になったが、18年以降、再び減少しているのだ。

つまり貿易・サービス収支は、世界経済の条件変化によって大きく変動するようになってしまったのだ。そのため、経常収支が必ずプラスになるとは言えないような事態になった。

これは、日本経済に新たな構造変化が起きた結果ではないかとの見方も出ている。そして、これは為替レートにも影響するのではないかとの考えもある。

従来は、「有事に強い円」と言われていた。有事には円がセイフヘイブンとみなされて資金が逃避してくるため、円高になる傾向があるということだ。ところが、有事には原油価格などが高騰する。それが日本の貿易収支を悪化させて、円安をもたらすようになったというのだ。

こうしたメカニズムが本当に働いているのかは判然としないが、可能性はあると言えよう。

図表3−2　日本の貿易収支と経常収支（単位億円）

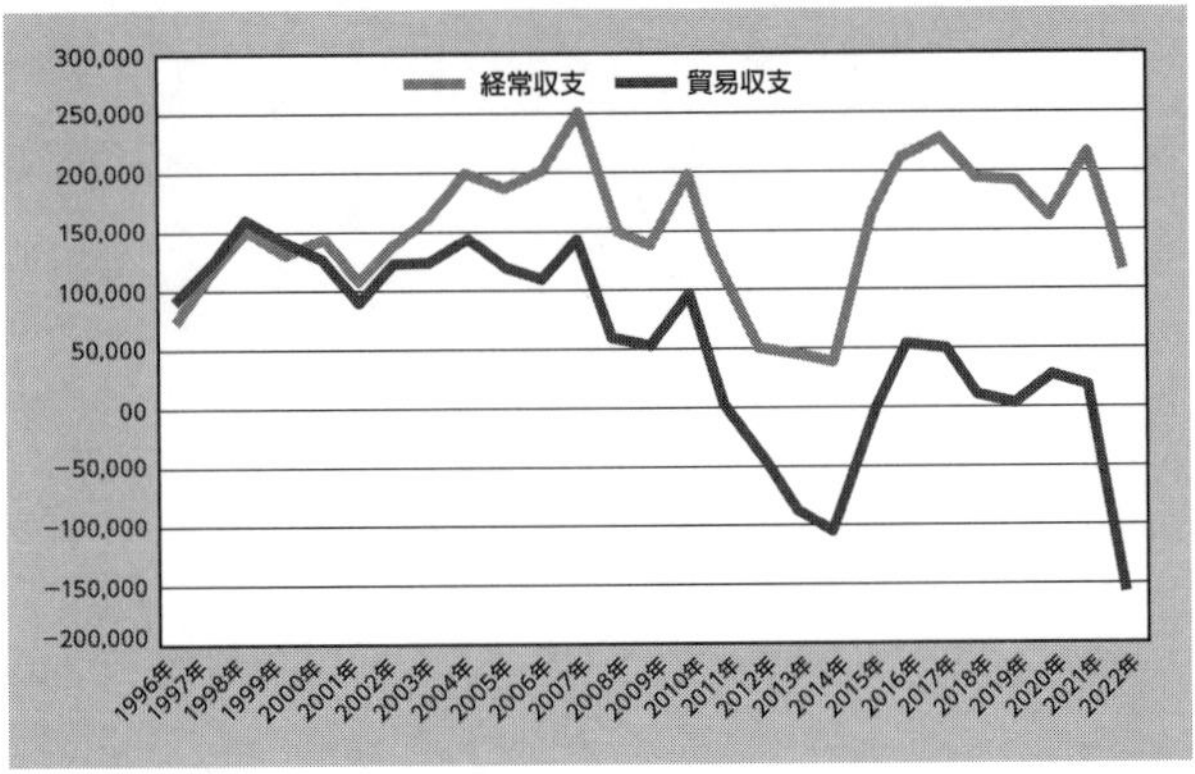

財務省、国際収支統計より著者作成

経常収支の赤字は回避すべきことか？

企業が経常利益で赤字を続けることは、問題だ。それを埋めるために借り入れをせざるを得なくなり、負債が増えていけば債務超過になる。そして、借り入れを返済できなくなり、倒産する。国際収支もこれと同じだと考える人が多い。つまり、経常収支が黒字になることが必要だと考えている人が多い。

しかし、こうした考えが正しいかどうかは疑問だ。その証拠がアメリカである。アメリカは、国際収支において経常収支の赤字を続けている。それでも問題は生じていない。

それは、アメリカが他国に頼んで借金しなくても、世界のどの国も、進んでアメリカに投資するからだ。アメリカ経済が将来さらに成長するとの期待があるからだ。こうした期待がある限り、アメリカは経常収支赤字を継続しても問題はない。

「アメリカの経常赤字は継続可能か?」という問題は、2000年代の初め頃に盛んに議論された。しかし、現在に至るまで、アメリカ経済が経常収支赤字の故に問題を抱えたことはなかった。そして、経常収支の黒字を続けた日本より貧しい国かといえば、まったく逆だった。つまり、重要なのは、国が将来成長できるという確信を持てることなのだ。

世界的分業の必要性

仮に外国との経済取引を一切行わず、自給自足経済を実現したとしよう。その場合は、経常収支の問題も発生しないだろう。

しかし、それが望ましい状態とは言えない。なぜなら、国が置かれた条件はさまざまに異なるので、国際的な取引は常に利益をもたらすからだ。これは、イギリスの経済学リカード・デビッドによって明らかにされた、経済学の最も重要な命題である(「比較優位の原則」と呼ばれる)。

この原理を実行する国が発達する。最近では、製造業でも水平分業やファブレスに向けての動きが進んでいる。一国の経済は、世界経済の中でしか考えられない。その中で、どのような経済構造が望ましいかを考える必要がある。

第3章のまとめ

1. 日本の成長率が低い理由として、出生率の低下という人口要因が強調されることが多い。確かにこれは重要な要因だ。一般に、人口高齢化が進むと、経済成長率が下がる傾向がある。
しかしこれは、さまざまな施策によって克服できないものではない。とりわけ重要なのは、女性の労働力率の向上、移民の受け入れ、高等教育の充実だ。

2. 少子高齢化によって、日本の労働力は将来減少する。高齢者や女性の労働力率を引き上げる必要があるが、それで生産性が高まるかどうかは疑問だ。一方、日本の経済的地位の低下により、外国人労働者に見放される可能性もある。労働力不足に対処するための強力な施策は、デジタル化の推進だ。ChatGPTなどのＡＩ技術は、救世主として大きな役割を果たすことができるだろうか？

3. ２０２２年に貿易赤字が拡大したのは、資源価格の高騰と円安によるものだ。しかし、それだけでなく、長期にわたって継続している構造的要因の影響もある。

4. 特に問題なのは、電気機械輸出の減少だ。日本の経常収支が赤字になり、対外資産の取り崩しを余儀なくされる事態は、杞憂とは言えない。日本の経常収支はこれまで黒字を続けていたが、最近時点で急速に悪化している。これは、何らかの構造変化の結果だろうか？ ただ、経常収支の赤字化は、絶対に阻止すべきものであるかは、疑問だ。こうした視点だけでなく、国際分業の利益を重視する必要がある。

第4章

日本が直面するスタグフレーションの恐れ

1. ホームメイド・インフレが生じている

消費者物価の上昇が収まらない

2023年5月の消費者物価指数の対前年上昇率は、3・2%となった（生鮮食料品を除く総合指数）。

2023年になってからの対前年伸び率は、1月には4・2%であった。2月、3月は3・1%と、やや落ち着きを見せていた。4月に3・4%と高まったのは年度替わりの影響だと言われていたので、5月がどうなるか注目されていたのだが、顕著には下がらなかった。そして、7月は3・1%になった。

総合経済対策で1・2%程度押し下げているので、実態は4・5%程度ということになる。これはかなり深刻な事態だ。

日銀は7月28日、経済・物価情勢の展望（展望レポート）を公表し、消費者物価指数（生鮮食品を除く）の前年度比上昇率の見通しを2023年度が2・5%とした。なお、24年度は1・9%、25年度が1・6%となっている。

輸入価格の上昇は止まったのに、国内物価が上昇

2000年頃からの日本の消費者物価は、消費税率を引き上げたときを除けば、輸入物価の動向によってほとんど支配されてきた。

契約通貨ベースでの輸入物価指数の対前年比は、2022年5月には27・7%だったが、その後は伸び率が低下し、2023年4月からはマイナスになっている。円ベースの輸入物価も、4月から対前年比がマイナスになっている。6月はマイナス11・4%、7月速報値はマイナス14・1%だ。

そのため、これまでと同じパターンで考えれば、現在の消費者物価の対前年上昇率は0%台、あるいはマイナスになっていなければならない。それに比べると、現実の消費者物価の上昇率は高すぎる。

つまり、2023年になってから生じている消費者物価の上昇は、海外要因による輸入インフレではなく、国内要因によるホームメイド・インフレなのだ。もしそうなら、20年以上にわたって続いていた日本の物価メカニズムが変わってきていることになる。

食料品価格の上昇が著しい

では、なぜ2023年になってホームメイド・インフレが起きているのか？

それを考えるために、品目別の消費者物価を見てみよう。

食料品の値上がりが特に大きい。7月では、生鮮食品を除く食料が9・2％の伸びだった。宿泊料は15・2％伸びた。

他方、電気代は16・6％低下。都市ガス代は9・0％下落と、6月の2・8％下落から下落幅が拡大した。エネルギーは8・7％低下した。このように問題は、食料品や宿泊料の値上がりにある。

輸入物価の上昇が止まったのに国内物価が上昇するメカニズムとしては、次の2つが考えられる。

第1に、原価上昇の売上価格への転嫁が、これまで足りなかったため、いまだに転嫁が続いている可能性だ。第2に、人手不足によって賃金が上昇している可能性だ。もしこれが原因なら、今後もコストプッシュが続くことになるので、大きな問題である。

宿泊・飲食業では賃金の上昇が顕著

経済全体の賃上げ状況を見る限り、実質賃金は下がっていることから、全体としては労働需給がひっ迫しているとは言えない。

しかし、部門別に見ると、そうとは言えない面がある。

図表4－1は、現金給与総額（名目値）の対前年同月比（2022年1月～23年4月）の推移を示す（労働の需給状況を見るためには、本来は実質賃金の動向を見ることが必要だ。しかし、毎勤統計では、産業部門別の実質賃金のデータは得られないため、名目値を見る）。

全産業の値が2％程度なのに対して、宿泊・飲食業は、多くの月で10％を超える高い伸び率になっている。

これが、消費者物価指数で食品・宿泊料の価格が上昇している大きな原因だと考えられる。

ただし、こうなったのは、コロナ禍において、宿泊・飲食分野で賃金が圧縮されたからだとも考えられる。その取り戻しだと考えれば、今後も引き続くような構造的・長期的コストプッシュ・インフレではないとの見方も可能だろう。

図表4−1　現金給与総額（名目値）の対前年同月比

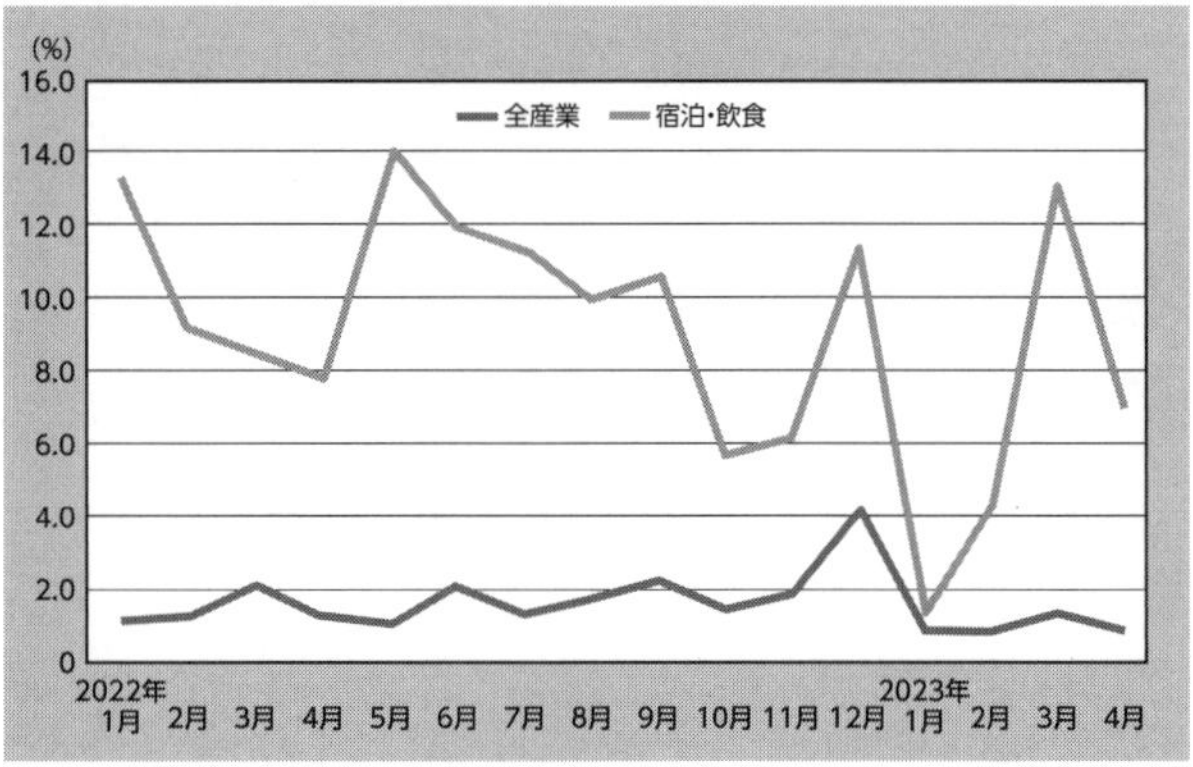

毎月勤労統計調査のデータより著者作成

図表4−2は、第1四半期の賃金指数を、全産業と宿泊飲食業について示したものだ。

これを見ると、2022年以降の賃金上昇は、基本的には、コロナ期における落ち込みを取り戻すものであったと解釈できる。

ただし、2015年と2023年の比率をとると、経済全体では1・04であるのに対して、宿泊・飲食は、1・065となっている。

どちらもさして高い値とは言えないが、宿泊・飲食で比較的高い値になっているのは、この部門で構造的な人手不足が生じていることの表れと言えるかもしれない（ただし、この考えでは、コロナ以前も賃金が低下傾向にあったことを説明するのが難しい）。

経済全体の実質賃金は上昇せず、むしろ減

図表4－2　第1四半期の賃金指数

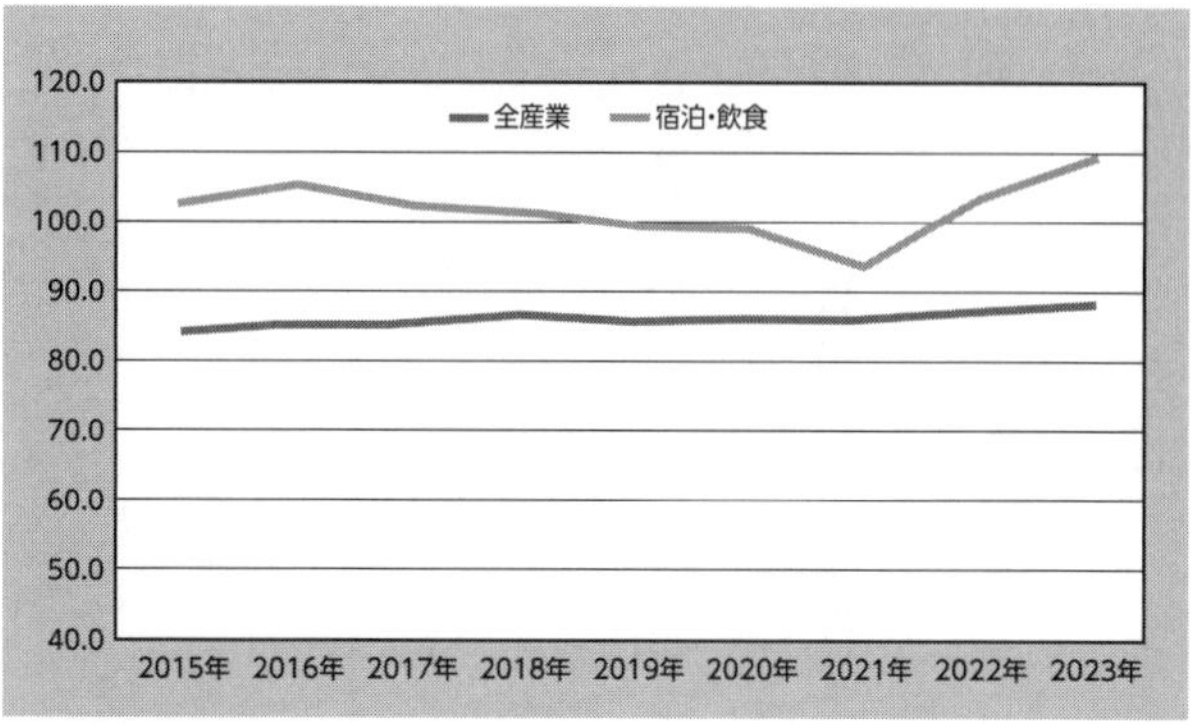

注：賃金指数は2020年平均を100とする
毎月勤労統計調査のデータより著者作成

少しているので、価格が上昇すれば買い控えが起きる。つまり需要が減少する。したがって、経済全体としてスタグフレーションに陥る。これは大きな問題だ。

為替レートが再び円安に

現在必要なのは、物価上昇率を引き上げることではなく、これまで見たようなコスト・プッシュインフレを抑えることである。

その場合に重要なのは、いまは落ち着いているとはいえ、輸入インフレがなくなったわけではないことだ。仮に輸入物価が今後上昇すれば、それは、国内物価をさらに押し上げることは間違いない。現在、原油価格などは落ち着いているので、輸入物価は主として為替レートの動向で決まるだろう。

為替レートの昨年からの推移を見ると、次のとおりだ。

日本円は、2022年の春から秋にかけて、著しく減価した。ところが、10月20日の1ドル＝150・19円台をピークに、その後は元に戻る動きが生じていた。

しかし、この状況は2023年1月で終わり、再び円安に向かう動きが生じている。そして5月25日には、半年ぶりに1ドル＝140円台の前半となった。6月22日で142円台、8月には146円台にまでなっている。

2022年5月の円の対ドルレートは、1ドル＝135円程度であった。これに比べると、現在の1ドル＝146円というレートは、円安だ。

円安が進むのは日銀が緩和続行を約束したため

2023年の初頭から見ると、円は約1割減価した。主要な通貨の中でも円の価値減少は顕著だ。2022年の円安はドル高によってもたらされた面が強いが、いまは円の独歩安となっている。

その要因は、日銀新体制が金融緩和の継続を明言したことにある。つまり円安を抑制するために長期金利を引き上げるという処置を、直ちには実行しないというメッセージを市場に送っているのだ。

日銀が長期金利を引き上げないと約束したため、キャリートレードの成功確率が高まった。投機筋は安心して円キャリー取引をすることができ、今後も円安がさらに進む可能性が高まったと考えられる。

なお、日銀が7月に長期金利の上限を見直したことによって、金利は上昇したが、円安が進んだ。これについては、第5章の5で論じる。

2. 政策を誤れば、日本経済はスタグフレーションに陥る

宿泊・飲食サービス業で、賃金が大幅に上昇

日本経済全体として見ると、名目賃金の伸びは物価上昇に追いつかず、実質賃金が低下

している。

しかし、業種別に見ると大きな違いが見られる。特に大きく違うのは、宿泊・飲食サービス業だ。

図表4－3は、毎月勤労統計調査による業種別の名目賃金指数の推移を示している（従業員5人以上、第1四半期）。

経済全体では、2010年の85・2から2023年の88まで緩やかに上昇している。人手不足が指摘される建設業では、同期間で79・4から89・5へと、かなりの上昇。医療・介護も、86・8から90・0に上昇した。

ところが、宿泊・飲食サービスは、他業種とはまったく異なる推移を示している。2016年までは緩やかな上昇だったが、その後下降に転じた。特に21年は顕著に下落したところが、22、23年に急上昇したのだ。

2022年の賃金上昇率は、名目で10％程度となっている。したがって、実質賃金で見ても、大幅に上昇していることになる（本来は実質賃金指数を見るべきだが、毎月勤労統計調査では、実質賃金率指数は全体と一部の業種についてしか示されていないので、ここでは名目賃金指数を見た）。

図表4－3　業種別名目賃金指数の推移

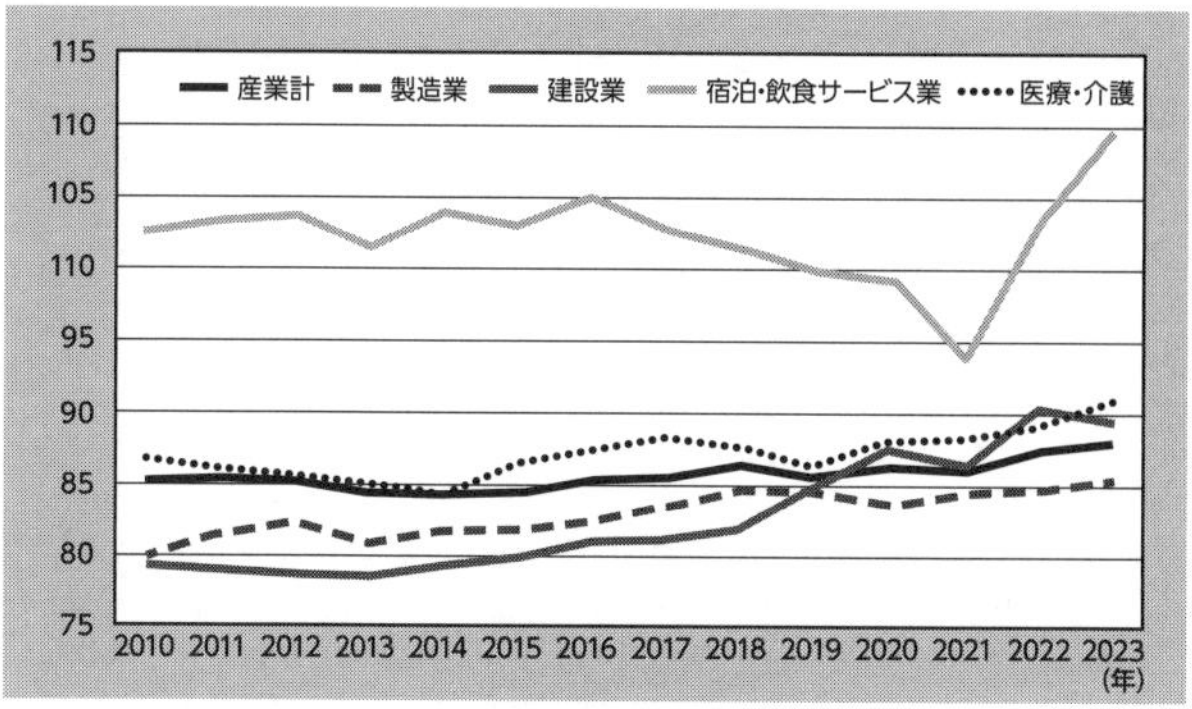

注：第1四半期における指数（2020年平均を100とする）
毎月勤労統計調査のデータにより著者作成

前節で見たように、この分野での賃金上昇は、消費者物価上昇の大きな原因になっていると考えられる（原価上昇の価格転嫁が遅れており、それを取り戻す動きの影響もあると思われる）。

５月の消費者物価指数（２０２０年＝１００、生鮮食品を除く総合）は、前年同月比で３・２％上昇した。政府の総合物価対策の効果を除くと、４・３％のプラスとなり、４・０％だったアメリカを上回る。これをもたらしたのは、食品や宿泊料の値上がりだ。生鮮食品を除く食料が９・２％上昇した。これは、１９７５年10月以来の高水準だ。また、宿泊料も９・２％上昇した。

実質賃金上昇は宿泊・飲食サービスのみ

宿泊・飲食サービス業で賃金が急上昇しているのは、人手不足が深刻化しているからだ。求人サイトなどを見ると、飲食サービスでは、求人をかけても応募がないというようなことが書いてある。人手不足はかなり深刻のようだ。

この状況を、有効求人倍率で見てみよう。

図表4－4に示すように、2023年4月における有効求人倍率は、職業計では1・13だが、サービス職業従事者では高い値になっている。中でも、介護サービスと接客・給仕が3％を超える高い値だ。なお、建設・採掘は5・02％という非常に高い値になっている。

このように、人手不足が深刻化している業種は、ほかにもある。

そして、こうした業種での賃金上昇率は、経済全体に比べて、高い。しかしここ数年においては、名目賃金上昇率が3％を超えるかどうかが実質賃金上昇率がプラスになる目安だ。これを超えているのは、宿泊・飲食サービスだけだ。

つまり、賃金上昇は、経済全体から見れば一部のことにすぎない。

なぜほかの部門で顕著な賃金上昇が見られず、宿泊・飲食サービスでだけ賃金が顕著に上昇するのだろうか？

図表4−4　有効求人倍率

	有効求人倍率
職業計	1.13
販売従事者	1.91
介護サービス	3.38
飲食物調理	2.72
接客・給仕	3.23
建設・採掘	5.02

厚生労働省資料（2023年4月）より著者作成

理由として考えられるのは、図表4－3に見られるように、この業種では、2017年以降、名目賃金指数が低下してきたことだ。21年、22年に起きた急激な賃金上昇は、これを取り戻す動きだったと解釈することもできる。

実際、図表4－1で、この業種の2016年と2023年を結べば、他の業種の傾向とあまり大きく違わないと見ることもできる。

ただ、なぜ2017年以降の落ち込みが生じたのかははっきりしない。

賃上げで利益が圧迫され、経営が困難になる

宿泊・飲食サービス業はこれまで、他業種に比べて賃金水準が低いことが問題とされてきた。

では、この分野で賃金が上昇しているのは望ましいことだろうか？　次の2つの意味に

おいて、必ずしもそうとは言えない。

第1に、この業種で、零細企業の営業利益が圧迫されていることだ。法人企業統計調査で見ると、この分野のコロナ期における営業利益伸びはマイナスになっている。なお、これは宿泊・飲食サービス業に限らず、零細企業において一般的に見られる現象だ。

飲食サービス業においては、法人企業といっても、家族経営的なものが多い。また法人企業統計ではカバーしていない個人営業も多いと考えられる。こうした状況を踏まえると、非常に困難な事態であると考えられる。

スタグフレーションに陥る危険

第2に、経済全体として見た場合、スタグフレーションに陥る危険があることだ。

以上で見てきたように、人手不足のために実質賃金が上昇しているのは、ほぼ宿泊・飲食サービスに限られた現象である。

経済全体を見ると、実質賃金は下落しつつある。実質賃金が上昇しないのだから、実質消費も増えない。

その中で価格を上げれば、買い控えが起こる。つまりスタグフレーションに陥る。

こうした状況下で必要なのは、原材料価格の値上がりを抑え（できれば下落させ）ることで賃金引き上げを吸収する余地を作り、販売価格の上昇を抑えることだ。

物価引き下げによる実質賃金の引き上げを目標とすべきだ

岸田首相は、5月15日の経済財政諮問会議で、構造的な賃上げを最重要課題として取り組んでいく考えを示した。

しかし、どのような賃上げかが問題だ。技術進歩や資本装備率上昇によって生産性（労働者1人当たりの付加価値）が上がり、それによって賃金が上昇するのが健全な賃上げであり、それを目指すべきだ。

しかし、いま宿泊・飲食サービスで生じている賃金上昇は、そうしたメカニズムによるものでなく、労働力不足によって生じている。そして、それが物価上昇の原因になっているため、決して望ましい賃上げではない。

こうした状況下でいたずらに賃上げを促すような政策を政策当局が取るのは、望ましいことではない。仮に労働力不足による大幅賃上げが経済全体に広がれば、日本経済は深刻なスタグフレーションに陥るだろう。

技術進歩や資本装備率の上昇による生産性上昇の見通しがつかない状況下で政府が行うべきは、物価上昇率を引き下げ、できれば今回のインフレ以前の物価水準に戻すことだ。それによって、実質賃金が上昇させることを目的とすべきだ。

そのために必要なのは、為替レートの減価を抑え、円ドルレートを2022年1月以前の水準（1ドル＝100円程度）に戻すことによって、輸入物価指数の対前年上昇率をマイナスにすることだ。

そのためには、大規模緩和継続という金融政策の基本的な見直しが求められる。

3. コロナ対策の財政支出がインフレを引き起こした

補正予算で国債発行額が増加するパタンが定着

2022年度第2次補正予算案における一般会計の追加歳出は28・9兆円。この約8割に当たる22・9兆円は国債の増発で賄う。つまり、財政支出の大部分は国債発行で賄われるわけだ。

新型コロナウイルスの感染拡大に対処するため、さまざまな財政措置がなされた。その結果、補正予算で巨額の国債発行を行うというパタンが定着してしまったように見える。

財務省「国債発行計画」によると、2020年度当初予算における国債発行額は32・6兆円だったが、第2次補正後で90・2兆円、第3次補正後には112・6兆円となった。[*1]100兆円超えは、初めてのことだ。

2021年度では、当初予算で43・6兆円。それが補正予算で22兆円増加され、65・7兆円となった。

こうした財政運営がなされた結果、国債残高は増加している。財務省の資料によると、普通国債[*2]の残高は、2015年度末には805兆円だったが、2020年度末には947

＊1　財務省の国債発行予定額では、新規国債のほか、借換債を含めた国債発行額も示されている。本稿の「国債発行額」は、新規国債発行額を指す。

＊2　建設国債や赤字国債など。財投債を含まない。

兆円となった。2022年度末には、今回の追加で1042兆円になる。

こうした急激な国債残高増が深刻な問題を起こすことにはならないかと、誰でも心配になるだろう。

MMTは国債で財政支出をいくらでも賄えるというが……

MMT（Modern Monetary Theory：現代貨幣理論）という考えがある。

これは、「政府が国債発行によって財源を調達しても、自国通貨建てであればインフレにならない限り、問題ではない」という主張だ。ニューヨーク州立大学のステファニー・ケルトン教授などによって提唱された。

国債の市中消化を続ければ、国債発行額が増加するにつれ金利が上昇する。そして、国債発行には自然とブレーキがかかってしまう。

これを避けるためには、中央銀行が国債を買い上げる必要がある。すると今度は、貨幣供給量が増加し、物価が上昇して、ついにはインフレになる。

MMTの理論は、「いくら国債を発行してもインフレにならない」と主張しているのではない。「インフレにならない限りいくら国債を発行してもよい」と言っているのだ。つまり、最も重要な問題をはぐらかしているのである。

ＭＭＴは実際にインフレを引き起こした

いまのアメリカの状況を見ていると、多くの人がＭＭＴに対して抱いていた危惧が、まさにそのとおりの形で現実に生じてしまったことが分かる。

新型コロナウイルスに対応するため財政支出を拡大したのは、日本に限ったことではない。アメリカでも大規模な財政支出拡大策が取られた。そして、大量の国債発行を容易にするために、金融緩和に踏み切ったのである。つまり、財政拡大と金融緩和を同時に、しかも大規模に行った。まさに、ＭＭＴが推奨する政策が実現したのである。

そのために、コロナからの回復が見通せる段階になって経済活動が復活すると、賃金が上昇し、それが引き金となってインフレを引き起こしてしまったのだ。

もちろん、現在のインフレは、これだけが原因ではない。２０２２年の2月以降、ロシアのウクライナ侵攻によって資源や農産物が値上がりしたことも、大きな原因だ。これによって、昨年の秋以降進行していた物価上昇が加速することになった。

日本ではインフレが起きなかった

それに対して、日本では2022年までは、ホームメイド・インフレは起きなかった。日本でもこの数年間で財政支出が拡大した。そして同時に、金融緩和政策も継続されている。それにもかかわらずインフレが起きなかったのはなぜか？

もちろん、いま日本では物価が上がっている。ただし、少なくとも2022年までについては、国内の要因によって起きたものではない。第1には、アメリカのインフレのため、第2にはウクライナ戦争で資源価格が高騰したためだ。その結果、輸入物価が上がったからだ。つまり、日本で生じた物価上昇は、輸入されたインフレであって、直接の原因は、海外にある。

日本で大量の国債発行がインフレにつながらなかった理由は2つ考えられる。

第1は、財政支出が需要を増大させなかったことだ。コロナ対策で最大のものは定額給付金だったが、これは消費支出を増やさず、貯金を増やすだけの結果に終わった。

第2に、日本企業の生産性が向上しない状況が続いているため、拡大策を行っても賃金が上昇せず、需要が拡大しなかったことがある。

日本でMMTをやってよいことにはならない

日本でホームメイド・インフレが起きなかったからといって、MMTをやっていいということにはならない。

大量の国債発行を可能にするために、日本では、長期国債を大量に購入し続けているだけでなく、長期金利を人為的に抑えている。その結果、アメリカの金利引き上げによって、日米の金利差が著しく拡大した。このため、アメリカのインフレが日本に輸入されることになったのである。この意味において、国債の大量発行がインフレの原因になっていると考えることができる。

金利抑制策の悪影響は、それだけではない。長期金利は、経済の最も重要な価格の一つだ。これが抑圧されているために、金利が経済の実態を表さなくなり、その結果、資源配分が著しく歪《ゆが》められている。

財政規律がなくなってしまったのが、最大の問題だ。その結果、効果の疑わしい（その反面、公平性の観点から大きな問題を含む）人気取り補助策が、次々と行われている。国債発行を増やすという悪循環が生じている。それだけではなく、経済全体の資源配分が歪められている。これは日本経済の長期的なパフォーマンスを劣化させることになるだろう。

4. 増加する財政需要に対処するための税制はいかにあるべきか?

増える財政需要

防衛費の増額や少子化対策などで、財政需要が増えている。しかし、その財源をどうするかの議論は、ほとんど進んでいない。

防衛費については、国債に依存しないことが決められたが、具体的な税目の議論はまだ行われていない。少子化対策の財源については、政府は社会保険料を引き上げる検討に入った。しかし、この方向付けには問題が多い。

また、高齢化の進行に伴って、年金、医療、介護分野の給付が増えることは避けられない。これに伴って、一般会計の社会保障費も増える。したがって、増税が必要だ。

こうした問題に対処するために、どのような税制改革が必要とされるだろうか? これは、岸田政権が解決しなければならない喫緊の課題だ。

消費税導入で日本の税構造が大きく変わった

1989年に導入された消費税は、日本の歳入構造に大きな変化をもたらした。それ以前は、日本の国家財政では、所得税や法人税が主要な歳入源であったが、消費税の導入によって、間接税の比重が高まった。

この状況は、図表4－5に示されている。1989年に消費税が導入されたとき、所得税、法人税の税収はそれぞれ20兆円程度だった。それ以来、2003年度頃まで、法人税の税収は減少した。また、所得税の税収は、1991年度に26・7兆円まで増加したが、その後は、2008年度の14兆円台まで徐々に減少した。

他方で、消費税の税収は増えている。最初は3％で導入された消費税の税率は、1997年4月に5％に引き上げられ、2014年4月には8％に、2019年10月に10％まで引き上げられた。直近の年度では、消費税と所得税の税収はほぼ20兆～22兆円、法人税が10兆～13兆円程度となっている。

少子化対策で社会保険料率の引き上げは筋違い

岸田内閣は少子化対策として、児童手当の所得制限撤廃や多子世帯への増額、育児休業

図表4－5　税収の比率

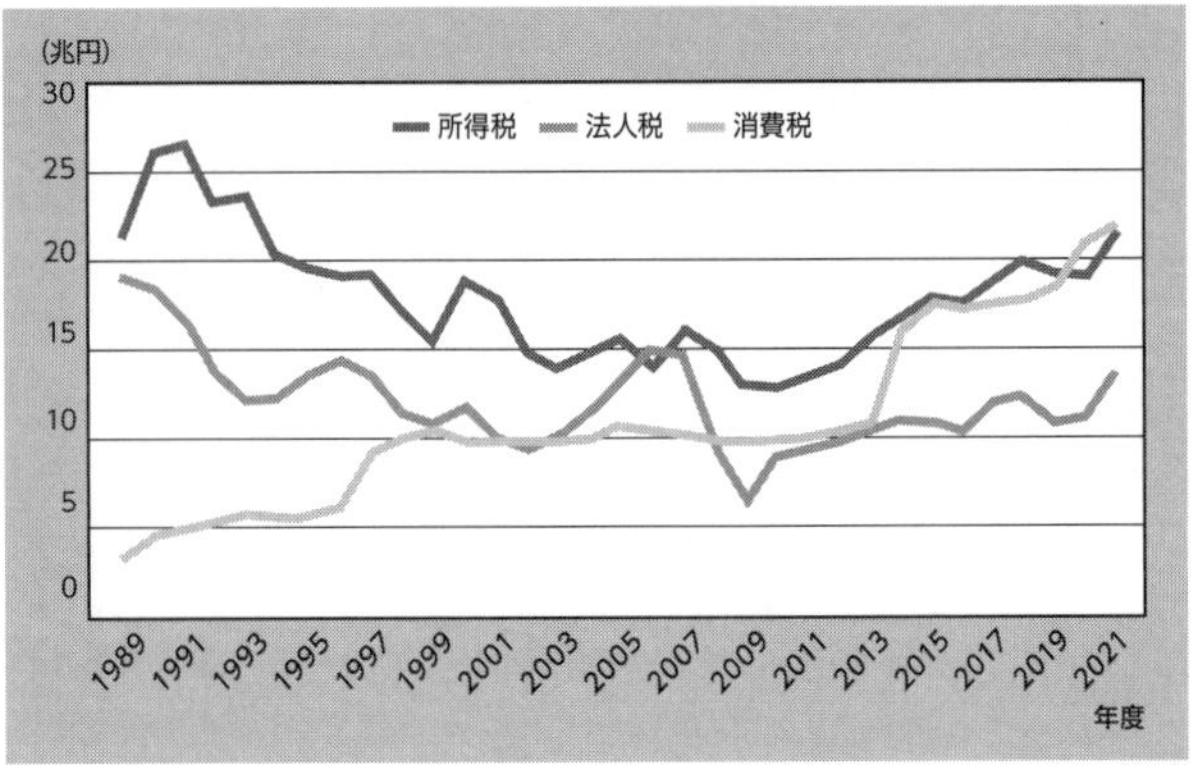

財務省資料より著者作成

給付の引き上げ、保育サービスの利用拡大などを行うとした。さらに、出産費用の保険適用や、学校給食の無償化も検討するとした。

政府部内では、社会保険料に一定額を上乗せし、1兆円程度を捻出する案が浮上しているようだ。幅広い年齢層が加入する医療保険を軸に調整し、介護保険料を引き上げ対象とする案もある。

しかし、社会保険は、その名のとおり、「保険制度」だ。医療保険ならば医療費など、その使途は限定されるべきだ。

しかも、後述のように、今後高齢化の進行に伴って、社会保険の財政自体がひっ迫することは避けようがない。それを少子化対策に使おうというのは、まったく筋違いと言わざるを得ない。

法人税の増税を検討すべきだ

防衛費や少子化対策のための増税を考える際に、まず検討されるべきは、法人税だと考える。

現在の日本のマクロ経済的な問題の一つは、企業が利益を増大させ、それを内部留保という形で貯蓄していて、支出に回っていないことだ。2022年からの物価高騰の中でも、この状態が継続した。

この状態を変えるには、法人税を増税するしかない。内部留保を減少させるだけだから、総需要を減少させる心配はないだろう。

また、物価高騰による利益増は企業の自己努力の結果ではないから、それを増税で吸収することは、公平の観点からも望ましいことだろう。

問題は、自民党政権が法人税の増税を行うとは、とても考えられないことだ。本来であれば、野党勢力がこのような政策を提言すべきだが、それができる野党は現れない。これこそが、日本の政治の大きな問題だ。

元々、法人税の税率は企業活動には中立的というのが、経済学の基本的な結論だ。法人税は利益に対する税なので、税率を引き上げても、法人の行動には影響が及ばない。税引き後利益が減るだけだ。したがって内部留保を減らすだけのことであり、経済に対するマイナスの効果はない。

それにもかかわらず、法人税は企業の負担であり経済活動に悪影響を与えるという誤解が、極めて多い。法人税率の引き下げが企業活動を活性化するという見解は誤りである。

公的負担のうち法人のコストとなるのは、社会保険料負担である。これは、利益の有無に関係なく課される。額的にも、いまや法人税負担より大きい。日本企業の国際競争力を問題にするのであれば、社会保険料負担をこそ問題にすべきだ。少子化対策のために社会保険料を引き上げれば、雇用主負担分も増えることに注意しなければならない。

以上から、財源を増税に求めるとすれば、法人税によるべきだ。

増大する社会保障費を賄うために、消費税率引き上げが必要

いま一つ税率引き上げが検討されるべき重要な税目は、消費税だ。ただし、それが必要なのは、将来に増加が予想される社会保障費の財源のためである。

日本の社会保険制度は、保険料と公費で賄われている。

２０２３年度の社会保障給付費は予算ベースで１３４・３兆円だ（年金60・１兆円、医療41・６兆円、福祉その他32・５兆円）。その負担は、保険料が77・５兆円、公費が53・２兆円となっている（厚生労働省「給付と負担について」）。

今後の日本では、人口高齢化に伴って、社会保障の費用が増えていくことは避けられない。したがって、税負担も増加せざるを得ない。現在の税構造でこれに対応できるかが問題だ。

税収増が必要なのだから、税制改革を進めなければならない。とりわけ重要なのは、消費税率の引き上げだ。社会保障公費負担の財源には、安定的な税収が必要だ。消費税は課税ベースが広いので、その要求に応えられる唯一の税だろう。

消費税においては、２０２３年10月からインボイス制度が発足した。消費税の導入から30年以上にわたってインボイスのない不完全な制度が続いたが、この改革によってヨーロッパの付加価値税並みの税になる。この制度を育てていくことが重要だ。

ただし、非課税業者をどうするかという問題もある。

また、現在の日本の政治状況の中で、消費税率をこれ以上引き上げることは容易でない。

したがって、税制改革を進めるとともに、社会保障制度を見直すことも不可欠だ（もちろん、これも政治的に容易な課題ではない）。

それにもかかわらず、こうした観点からの税制改革論議は、まったく行われていない。政府はそうした問題を提起しないし、野党も消費税の減税しか主張しない。日本の政治は、未来に対する責任を放棄していると考えざるを得ない。

第4章のまとめ

1. 輸入物価の上昇が止まったにもかかわらず、消費者物価の上昇が止まらない。これは、飲食業での賃金上昇によるホームメイド・インフレと解釈することができる。

2. 宿泊・飲食サービス業では、賃金が大幅に上昇し、食料品価格や宿泊料を上昇させている。他方、経済全体では実質賃金が下落しているので、購買力は増加せず、物価上昇は買い控えをもたらす。このままでは、経済がスタグフレーションに陥る危険がある。

3. コロナ対策として各国とも財政拡大と金融緩和を行った。アメリカでは、それによってインフレが生じたが、日本では生じなかった。

4. 日本はいま、さまざまな財政需要の増加に直面している。そのための税制改革が喫緊の課題だ。特に重要なのは、法人税と消費税の増税である。しかし、そうした議論は、まったく行われていない。

第5章

金融政策の誤り

1. 失敗に終わった大規模金融緩和政策

異次元金融緩和は物価上昇を目標にしたが……

2013年4月、日本銀行は大規模な金融緩和政策を開始し、消費者物価の対前年上昇率を2%にすることを目指した。これは、「異次元金融緩和政策」と呼ばれた。

消費者物価上昇率が目的とされた背景には、「フィリップスカーブ」の理論があると考えられる。これは、物価上昇率と失業率の関係を示すものだ。しかし、この関係は単なる相関であり、物価上昇率を高めれば経済が活性化することを意味するわけではない。

しかも日銀は、物価上昇率目標と政策手段の関係を明確にしていなかった。具体的には、日銀が長期国債を大量に購入することと消費者物価目標との関連性についての説明が不足していた。

これに関する一般的な理解は、「緩和で紙幣が増える」という考えと「貨幣数量説」を基にしている。つまり、「日銀が国債を購入するには、紙幣を印刷する」。そして、「貨幣量が増えれば物価が上がる」というものだ。

しかし、この考えは誤りだ。第1に、現代経済で主に使用されているマネーは、日銀券ではなく、銀行預金だ。しかし、異次元金融緩和期間中に預金はさして増加しなかった。

第2に、貨幣が増えれば物価が上がるというのは、貨幣の流通速度が一定であるという仮定に基づいている。しかし、これは必ずしも正しくない。もし貨幣量が増加しても流通速度が低下すれば、物価や取引量には影響を与えない。

マネーストックは増えず

2010年からのマネタリーベース（日銀券＋日銀当座預金）の推移を見ると、日銀当座預金は2013年から急増し、2022年6月末には548・9兆円に達した。これは、日銀が国債を購入したためだ。日銀は紙幣を印刷して国債を買ったのではなく、日銀当座預金を増やすことによって国債を購入したのである。そのため、日銀券はほとんど増加しなかった。

「マネーストック」は、日銀券と銀行預金の合計であるが、異次元金融緩和によって顕著な増加は見られなかった。

金融政策が経済に影響を与えるのは、マネーストックの変化による。しかし、実際には、日銀当座預金が増加してマネタリーベースが増えただけで、マネーストックの大きな増加はなかった。このため、異次元金融緩和政策は効果を持たなかったのだ。

金融緩和は株価を引き上げた

実は、大規模金融緩和の真の目的は、市場金利を下げ、為替レートを円安にし、企業の利益を増大させて株価を上昇させることだったと考えられる。

実際、金融緩和は、企業の利益を増大させ、株価を上昇させる効果があった。しかし、この効果はマネーストックの増加ではなく、日銀が大量の国債を購入し国債の利回りが低下したことによるものである。

これにより、日米の金利差が拡大し、円安が進行した。円安は輸出産業の利益を増加させた。その一方で輸入価格も上昇するが、企業はこれを消費者に転嫁し、利益を増大したのだ。

企業の利益増加が最終的に労働者にも利益をもたらすとされたが、実際には、そうした効果（トリクルダウン効果）は生じなかった。

イールドカーブコントロールに転換

２０１６年に、日銀は量的緩和政策の転換を行った。大量の国債購入で、さまざまな問題が生じたからだ。

「総括的検証」を実施し、金利操作への転換を決定。マイナス０・１％の政策金利を導入し、さらに「イールドカーブコントロール政策（ＹＣＣ）」を開始した。

短期金利はマイナスとされ、長期金利には一定の範囲が設定された。この政策の導入で、日銀の国債保有増加のペースは低下した。

「政策金利」とは、中央銀行が直接コントロールする短期の金利を指す。これは、国によって異なる名称や形態を持つ。アメリカでは「フェデラルファンド・レート」として知られる、連邦準備銀行の加盟銀行が短期資金を借り入れる際の市場金利だ。

日本の政策金利は、民間金融機関が日本銀行に預ける「日銀当座預金」の超過準備高に課される金利だ。金融機関は一定の準備金を日銀に預けることが義務付けられており、この預金は銀行間の振替に使用される。２０１６年から、日銀当座預金の一部にはマイナス０・１％の金利が課されている。つまり、現在の日本の政策金利はマイナス０・１％となっている。

他方、「長期金利」とは10年国債の利回りを指す。さまざまな期間の金利は有機的に関連しており、中央銀行は短期の政策金利を操作することによって、長期金利を含む金利全体に影響を与えることができる。これが金融政策の基本的な手法だ。

しかし、日銀は「イールドカーブコントロール」を導入し、政策金利と10年金利の両方を直接コントロールし始めた。YCCは、イールドカーブの自然な形状を人為的に変更するもので、乱用すると金利の体系が歪む恐れがある。

イールドカーブはなぜ右上がりか?

「イールドカーブ(利回り曲線)」とは、異なる期間の金利を、期間に応じて示したもので、通常は長期金利が短期金利より高く、右上がりの形状をしている。

イールドカーブが右上がりになる理由は、借り手のリスク回避需要にある。

これについて説明しよう。10年間の貸借契約を考えた場合、一括契約と分割契約の2つの方法が考えられる。分割契約では、先物契約を利用して5年後からの利子支払額を固定することで、将来の金利上昇のリスクを避けることができる。このようなリスク回避の要請が強いため、長期金利は短期金利よりも高く設定される。その結果、イールドカーブは右上がりになる。

2．2022年になぜ急激な円安が進んだのか？

アメリカの金利引き下げと引き上げ

2020年、新型コロナウイルスの感染拡大による経済の減速を受け、アメリカのFRB（連邦準備制度理事会）は、大規模な金融緩和策を実施。政策金利を1・75％から0・25％まで大幅に引き下げ、さらに国債の無制限購入を決定した。これにより株価は一時回復した。

しかし、2021年秋に景気が回復し、インフレ率の上昇が顕著となったため、緩和政策の脱却を決定。2022年3月に政策金利を0・25％から0・5％に、そして5月にはさらに0・5％引き上げて1・0％とした。

日銀が金利上昇を認めないため円安が進行

ＦＲＢに追随して、各国の中央銀行も競って利上げを行った。

ところが日本銀行は、２０２２年3月18日の政策決定会議で金融緩和を継続すると決定した。そして、上昇してきた長期金利を0・25％に抑えるために、3月28日には大規模な国債買いオペを行った。

このため、ドル円レートは、２０２２年1月は1ドル＝１１５円程度の水準だったのが、3月10日から円安が進み、3月22日には１２０円台になった。

日銀は、4月28日の政策決定会合でも、金融緩和の維持を決定し、かつ長期金利の上昇を抑制するためのオペを連日行うという強硬策を発表した。このため1ドル＝１２８円だった円ドルレートは急落し、その日の夕方には１３１円になった。

こうして、日銀のＹＣＣ政策は、アメリカＦＲＢの急激な利上げによるインフレ抑制策との相反で問題を抱えるようになった。ＦＲＢの利上げにより日米の金利差が拡大し、円安が進行したたからだ。これが原因で、日本の物価が急上昇した。

さらに、海外のヘッジファンドは、日銀がＹＣＣを維持できないとの見方から、日本国債の先物売りを強化。これに対抗して、日銀は国債を大量に購入した。

日銀の国債保有額は6月末で517兆円に達し、前月比で4兆円の増加。発行残高に対する割合は50・4％という異常な事態となった。

7月には、日銀の大量国債購入により市場が混乱。その後、円安の動きは一時後退したが、9月に再び進行した。

世界中の中央銀行がインフレ対策として金利を上げる中で、日銀のこの姿勢は異常なものであった。

円安になれば輸入価格が上昇し、企業の原材料価格が上昇する。これが販売価格に転嫁されれば、消費者物価が上昇する。4月の東京都区部の消費者物価指数（生鮮食品を除く総合）は、前年同月比1・9％増となり、その後も高い上昇率が続いた。

円キャリー取引で円安が進む

円安が進む原因は、極めて明白だ。円で資金を調達してドル資産で運用する「円キャリー取引」が活発になったからだ。

これは、本来は非常にリスクの高い取引だ（将来円高になると、金利差収入を超える為替差損が発生し、損失を被る危険があるため）。世界の主要国は、インフレ退治のために金利を引き上げてきた。したがって、キャリー取引にはリスクが伴う。

ところが、主要国の中で日本だけが金融緩和を維持してきた。そして、大規模緩和を継続すると明言している。このため、投機家は安心して円キャリー取引を行うことができる。

つまり、日銀が投機家の利益を保証することによって、円キャリー取引をあおり、円安を招いたのだ。

9月に介入するも再び円安になり、1ドル＝150円を超える

2022年9月8日に財務省、金融庁、日銀が情報交換会合を開き、神田真人財務官が「あらゆる措置を排除せず必要な対応を取る準備がある」とした。

9月14日には1ドル＝144円台まで円安が進み、日銀が為替介入の準備のために市場参加者に相場水準を照会する「レートチェック」を行った。そして、9月22日に介入が行われた。

日本が介入に踏み切ったことで、円安の動きはいったんは収まった。

しかし、再び円安が進み、9月26日には1ドル＝144円台になった。10月20日には150・19円となり、10月22日には一時152円に近づいた。150円を超えたのは、19

90年以来32年ぶりのことだ。2021年10月には1ドル＝113円台だったので、1年間で3割以上減価したことになる。信じられないほどの急激な減価だ。

2022年12月に長期金利上限を引き上げ

日銀は、金利を極端に低く抑える政策を続けてきた。長期金利の指標となる10年物国債の利回りの上限を「0・25％程度」とし、これを超えないように、市場で国債を買い入れてきた。

ところが、各国の中央銀行が利上げに動いたので、日本の国債金利に上昇圧力が強まっていた。欧米の中央銀行が物価高を抑えるために利上げを始めたことで、金利の抑制策に問題が生じた。

日銀が基準を決めて長期金利を抑え込むことで、10年物国債の利回りが突出して低下。市場で自由に決まるべき長期金利が狭い幅で動くことを余儀なくされ、企業が社債を発行する際の基準となる長期金利の機能も損なわれていた。

日銀が金利を上げるのではないかとの観測が浮上し、長期金利が上昇。日銀は金利を「0・25％程度」に抑えるため、大量の国債購入を迫られた。

また外国為替市場では、日米の金融政策の方向性の違いが強く意識され、前述のように円安が加速した。10月の1ドル＝151円台までの下落は約32年ぶりのものだ。これが、ウクライナ情勢の悪化による物価高に拍車をかけた。

日銀は2022年12月19～20日に開いた金融政策決定会合で、大規模緩和を修正した。従来0・25％程度としてきた長期金利の変動許容幅を「0・5％程度」へ引き上げたのだ。国債買い入れで長期金利が著しく下がっていることなどで低下した「市場機能の改善」を図るためとのことだった。

変動幅の拡大は21年3月に0・2％から0・25％に引き上げて以来だ。日銀の突然の政策修正に長期金利は急上昇し、大幅な円高、株安となった。

長期金利は一気に一時0・46％まで上昇。円安の一因になっていた日米の金利差が縮小するとの見方から、円相場は一時5円ほど円高が進み、1ドル＝131円台となった。日経平均株価も一時、800円超下げた。

3．2023年の異常な円安はなぜ止まらないのか？

再び介入か？

２０２３年3月にアメリカで金融不安が発生し、アメリカの長期金利が低下したために、円高への動きが生じた。

しかし、それも収まって、再び円キャリー投機が復活した。

6月30日には約7カ月ぶりに一時１４５円台まで下落した。２０２２年9月22日の円買い介入時と比較すると、レートチェックが行われた時点と、23年6月の為替レートはほぼ同じ水準である。

しかも、アメリカのインフレが容易に収まらないため、今後もさらに政策金利を引き上げるという予想が強い。

円安は構造的な原因によるものか？

日本円は、長期的なトレンドで見ても、減価を続けている。

国際決済銀行（ＢＩＳ）が算出する「実質実効為替レート」を見ると、２０２３年５月における指数は、76・01だ。

これは、ピークであった１９９５年５月の１９１・35に比べると、約４割の水準でしかない。そして、固定為替レート時代の71年頃と同じ水準だ。これほど大きく減価したのは、先進国通貨では日本円だけだ。

そして、こうした異常な落ち込みにもかかわらず、減価が止まらない。

２０１３年からの異次元金融緩和の過程でも、市場為替レートは、２０２１年までは１ドル＝１００〜１１０円のレンジにあった。また、実質実効為替レートを見ても、２０１３年から２０２１年までは大きな変化はなかった。

ところが、２０２２年に急激に円安が進んだ後、元に戻る気配がない。何か異常なことが起きているとしか考えられない。

そこで、いまの円安は金利差だけによるのでなく、構造的な要因によるとする意見がある。こうした見方の根拠として挙げられるのは、第１に、円安であるにもかかわらず経常収支の黒字が縮小したことだ。

確かに、２０２２年の経常黒字は11兆円と、14年以来8年ぶりの低水準に落ち込んだが、これは原油など資源のコスト上昇による要因が大きい（日本の製造業の国際競争力が落ちていることは事実だ。しかし、それが円安の原因になっているわけではない）。

第2に挙げられるのは、円安になったにもかかわらず輸出が増加しないことだ。本来であれば、円安が輸出を増加させて貿易収支が改善し、その結果円高となるはずだが、そうならないというのだ。

円安が輸出を増加させていないことは事実だ。しかし、これはいまに始まったことではない。

海外生産比率が増加したこともあるが、元々、円安になっても、ドルベースの輸出額は増えないのである。輸出数量は、円ベースの輸出価格でなく、契約通貨（主としてドル）ベースでの輸出価格で決まるというのは、自然な現象だ。

円安で輸出が増えるというのは、円ベースの輸出額のことである。ドルベースでの輸出額が一定であっても、円安になれば円ベースの輸出額が増えるのは、当然のことだ。

だ。

円安への安易な依存が企業の活力を奪い、円安政策から脱却できなくなった

日本経済が円安から脱却できないのは、日本が円安に安易に依存するようになったからだ。

１９９０年代後半から円安政策が取られるようになり、２００３年には大規模介入による円安政策が始まった。そして、２０１３年からの大規模金融緩和で、円安政策がさらに推し進められた。

円安になれば、円ベースでの輸出額は増える。円ベースの輸入額も増えるが、企業は原材料価格の上昇を売り上げに転嫁し、最終的には消費者の負担とする。したがって、企業の利益が増える。

このように何もしなくとも自動的に利益が増えるので、日本企業はイノベーションの意欲を失った。日本企業の競争力が低下したのは、このためだ。

低金利は、ゾンビ企業など効率の悪い企業の存続を助けている。円安が進んでいるにもかかわらず日銀が金利を引き上げられないのは、体力が低下して低金利でないと生き延びられない企業が増えてしまったからだと考えることもできる。

その意味では確かに、日本企業の劣化という構造的要因が円安の原因になっている。

これまで述べてきたように、2021年からの為替レートの動きは、これまでに比べて異常なもののように見える。それは、新型コロナウイルスの感染拡大という異常な事態の後遺症として生じたインフレに対抗して、アメリカをはじめとする世界の中央銀行が異常な政策を取らざるを得なくなっているからだ。

それにもかかわらず、日銀のみが従来の金融政策を動かしていないために生じている現象なのである。

円安の弊害は明白だが、政策は動かない

円安が続けば、日本人は海外の製品をより高い価格で買うことを余儀なくされる。したがって、日本人の生活は貧しくなる。円安とは、ドル表示での日本人労働者の賃金を引き下げることだから、こうなるのは当然だ。

日本で働こうとする外国人も減ってしまう。2022年に急激な円安が進む中で、外国人労働者が日本を敬遠したり、日本人の若者がワーキングホリデイを利用して海外に流出したりする動きが報道された。2023年の為替レートは、こうした報道が盛んになされた頃に比べて、格別円高になったわけではない。そのため、こうした状態は、そのときと

同じように残っている。

今後、人口の高齢化によって人手不足がますます深刻化する日本にとって、これは重大な問題だ。

このように円安の弊害は明白にもかかわらず、円安が国益であるかのごとき錯覚にとらわれていた。

2022年の円安の過程で、多くの日本人がその錯覚から目覚めたものの、金融政策に影響は与えられていない。

4．長期金利上昇を認めると、経済に悪影響が及ぶのか？

金利を上げると不況になるか？

2022年には、日本の長期金利に強い上昇圧力が加わった。世界のヘッジファンドが、日銀の金利抑制策は維持不可能と読んで、国債先物の売り攻撃を仕掛けたからだ。これに対して、日銀は必死の防戦をし、その結果、日銀の国債購入額が異常なレベルにまで膨張した。

「日銀が長期金利上昇を認めないのは、仮に認めると、経済に悪影響が及ぶからだ」との見方がある。以下では、こうした見方が正しいかを検討しよう。

「日銀が金利を上げると不況になる」という見方がある。これが妥当なものか否かを判断する重要な手がかりが、「中長期の経済財政に関する試算」（財政収支試算）にある。

２０２３年7月版では、２０３２年までの見通しが示されている。財政だけでなく、経済全体についての指標（ＧＤＰ、物価上昇率、金利など）に言及している。

ここで示されている将来像が実現するかどうかは別問題として、整合性のとれた経済諸変数を示していることは間違いないので、前記の問題を考える上で大いに参考になる。

しかもこの推計は、政府のさまざまな長期推計の基礎になっている。例えば、公的年金の財政検証や、「２０４０年を見据えた社会保障の長期見通し」などだ。これらでは、財政収支試算の２つの見通し（「成長実現ケース」と「ベースラインケース」）を基として、それを将来に延長するという手法が用いられている。このように、長期見通しの出発点になっているという意味でも、重要なものだ。

名目金利が上昇しても、経済に悪影響が及ぶわけではない

財政収支試算の2つの見通しに共通するのは、消費者物価上昇率が2020年、21年の値よりは上昇し、それに対応して、名目長期金利も上昇することだ。

「成長実現ケース」では、消費者物価上昇率が2026年から2％になり、名目長期金利は29年に2・0％、32年に3・2％となる。「ベースラインケース」では、消費者物価上昇率が2027年から0・7％になり、名目長期金利は28年に0・6％、32年に0・9％になる。

消費者物価の上昇率が本当にこのようになるかどうかは、分からない。だが、仮にそれが実現できたとすれば、そのときに金利がどうなるかを示しているという意味で、この推計は価値がある。

特に重要なのは、次の2点だ。

第1に、物価上昇率が上昇すれば、それに応じて、名目金利も上昇することだ。そうならなければ、実質金利が低下してしまって、経済に望ましくない影響を与えるのである（これについては、本章の5を参照）。

第2に、「名目金利が上昇すれば、必ず経済成長率が落ち込むわけではない」というこ

とだ。

２０２４年度の名目ＧＤＰ成長率が、「成長実現ケース」でも「ベースラインケース」でも２・５％であるということは、これまでの日本経済と比較すれば、むしろ成長率が高まった状況と言うことができる。つまり、金利が上昇しても、経済に悪影響があるとは限らない。むしろ、実質金利を一定に保つように名目金利が上昇するのが自然な姿だ。

金利が上昇すると、国債費負担は増加するか？

では、金利を上げると、将来の国債費負担は増加するのだろうか？

まず、これを財務省の「令和５年度予算の後年度歳出・歳入への影響試算」で見ることとしよう。「成長率３％ケース」について、長期金利が２０２３年度以降に想定より１％上昇した場合、２０２５年における国債費と利払い費は２兆円の増加になっている。

この結果を見ると、「長期金利の上昇は、予算編成を難しくする」と結論したくなる。

しかし、長期金利だけが変化して他の変数が一定にとどまるというのは、不自然な仮定だ。長期金利が変化すれば、経済成長率など他の変数も異なる値になっているはずだ。

そのため、財政収支見通しの「成長実現ケース」と「ベースラインケース」との間で比較を行うのが適切だろう。

2026年度における国の一般会計の国債費は、「成長実現」で26・4兆円、「ベースライン」で26・3兆円。このように、ほとんど変わりはない（26年度の長期金利は「成長実現」で0・6％、「ベースライン」で0・5％）。

2026年度における国の一般会計の歳出と税収等との差額は、「成長実現」で30・53兆円、「ベースライン」で31・6兆円。このように、財政収支は、金利の高い経済においてむしろ改善する。そのため、金利の上昇は、財政を破壊するようなものではない。

ちなみに、2032年度における国の一般会計の歳出と税収等との差額を見ると、「成長実現」で37・8兆円、「ベースライン」で116・2兆円だ。

すでに述べたように、2032年度における長期金利は、「成長実現」で3・2％、ベースラインで0・9％と、前者のほうが1・6ポイントも高い。それにもかかわらず、財政収支は改善するのだ。

このことから見ても、「財政収支改善のために、無理やり長期金利を抑圧する」というのがナンセンスであることが分かる。

「物価高騰は一時的なものだから、対応しなくてよい」と言えるか？

以上をまとめれば、次のようになる。

消費者物価上昇率が2%になったとき、長期金利が2%を超える値になるのは、経済の自然な姿であり、これによって経済活動や財政運営が困難な状態に陥ることはない。

ところで、現在は消費者物価上昇率が2%を超えている。そのため、名目金利もそれに合わせて上昇するのを認めるべきだ。

だが日銀は、「この状況が安定的に続くことはないので、金利を引き上げない」と言っている。しかし、2%の物価上昇率は、しばらくの間は続きそうだ。そうであれば、長期金利が2%になっても、経済に悪影響はないと言えるだろう。

少なくとも、日銀が2022年12月までそうしたように、国債市場を歪めてまで懸命に0・25%の上限を死守するというのは、おかしい。

「いったん上限が突破されれば、際限なく上昇してしまう」と言われるかもしれない。

しかし、際限なく金利上昇圧力が続くことはないだろう。もちろん、物価上昇率2%は続かないかもしれない（続かないことを切に祈りたい）。しかし、もし下がれば、金利も下げればよいだけのことだ。

長期金利は市場の実勢に任せるべき

本章の1で述べたように、そもそも、長期金利について、中央銀行が目標値を定め、それを実現するために巨額の国債購入をするという形は、不自然だ。

通常、中央銀行は、短期金利である「政策金利」を操作し、長期金利は市場の実勢に任せている。日銀が2016年に導入したYCCは、政策金利だけでなく、本来は市場の実勢に任せるべき長期金利についても、直接的なコントロールの対象としている。このような不自然な金融政策からは、脱却すべきだ。

長期金利の抑制がいまの日本にとってどうしても必要なことであれば、日銀は、その理由を分かりやすい形で国民に説明すべきだ。日銀は、いまのような局面においてこそ、国民との会話を大切にすべきである。

5．長期金利が1％でも過剰な金融緩和

分かりにくい「柔軟化措置」

日本銀行は10年国債利回りの変動幅を、０％の目標値から「±０・５％程度」としていたが、２０２３年７月28日の金融政策決定会合で、「±０・５％程度を目途とする」とした。他方、これまで０・５％で実施していた毎営業日指値オペを１・０％の水準で行うと修正した。

今回の措置は政策修正ではなく、ＹＣＣの運用の柔軟化措置だと説明された。

植田総裁は、会合後の記者会見で「長期金利の形成を一定程度市場に委ねるものなのか」と問われ、「基本的には程度の問題はあるがイエスだ。経済物価情勢が上振れた場合にそれを反映する形で長期金利が上がっていくことについては０・５と１の間でそれを認める。そこに上昇していくことを容認しようという姿だ」と答えた。

以上の説明は、いかにも分かりにくい。

まず0・5％を目途にするというのだが、「目途」にして何を行うのか？指値オペは1％で行うのだから、市場金利は1％までは上昇し得るわけだ。すると0・5％云々を言う必要はないのではないだろうか？

また、「修正」という言葉を使わずに「柔軟化」という表現を用いたのは、金融緩和の縮小ではないという意図を伝え、市場の動揺を和らげようとしたのだろうと言われている。しかし、植田総裁は、会見で「柔軟化と紙に書いてはいるが、それは修正とそんなに意味としては違わない」と述べている。では、やはり修正なのか？

日銀が長期金利の上昇をどこまで許容するのかも分からない。さらに、1％以上にするのは、なぜ認められないのだろうか。この問題については、本節の最後で論じることとしたい。

イールドカーブは上方にシフト

決定が発表された直後には、株式市場や為替相場は方向感のない展開となった。しかし、その後、市場の反応が進み、長期金利は8月3日に0・665％と、約9年7カ月ぶりの高水準をつけた。国債のイールドカーブも上方にシフトした。つまり、事実上の金利引き上げとなった。

株価は当初は上昇したが、8月1日がピークで、その後は値下がりした。

なお、住宅ローンなどは短期金利に影響されるため、大きな影響はないのではないかとされる。

為替レートはターゲットでないというが……

ドル円レートは、7月5日から15日までは円高に推移しており、1ドル＝138円程度になっていた。

しかし、その後円安が進み、8月15日には145円と、2023年の最安値を更新した。これは、2022年11月以来の円安水準だ。

なぜ金利が上がったのに円安になったのか？　それは、アメリカの金融引き締めが長期化するという見方を背景に、アメリカの長期金利が上昇したからだ。

22年に政府・日銀が最初に市場介入を行ったときも、1ドル＝145円台だった。2023年6月30日におよそ7カ月ぶりに1ドル＝145円台まで円安が進んだ直後にも、鈴木財務大臣が「行き過ぎた動きには適切に対応していく」などと発言し、円安の動きをけん制した。

なお、植田総裁は、今回の決定は為替の変動も考慮したのかと問われて、「当然だが、為替をターゲットとしていないことに変わりはない。ただ、副作用の話をする中で金融市場のボラティリティーをなるべく抑えるというところの中に、今回は為替市場のボラティリティーも含めて考えている」と述べた。

日銀のこうしたスタンスは従来どおりのものだが、私はこれも理解できない。日銀は、消費者物価を金融政策のターゲットにしている。そして、為替レートは、物価に重要な影響を与える。それなのに、なぜ為替レートは金融政策のターゲットではないのか？

物価上昇率は短期的には上がるが、持続的でない

消費者物価指数（生鮮食品を除く総合）の対前年上昇率は、2％を上回る状況が1年3カ月続いている。6月には3・3％となった。

第4章で述べたように、日銀の「展望レポート」は、物価見通しを改定し、23年度の前年同月比を1・8％から2・5％へ引き上げた。ただし、「今年度、いったん物価のプラス幅は縮小する」という見方は維持しつつも、これまで行っていた「上昇率が23年度半ば

にかけて2％を割り込む」との説明はやめた。

物価上昇の主因が資源高から賃金上昇に移る兆候も出ている。植田総裁も「見通しは、ややあるいはかなり過小であった」と認めた。

ところが、２０２４年度の物価見通しは＋１・９％と、前回見通しの＋２・０％から下方修正された。また、25年度の見通しは、＋１・６％と据え置かれた。

そして、「賃金の上昇を伴う形での２％の物価安定の目標の持続的安定的な実現を見通せる状況にはなっていない」「基調的な物価上昇率が２％に届くというところにはまだ距離があるという判断は変えていない」と説明された。

自然利子率の概念を用いて金利の目標値を決めよ

私が最も問題だと思うのは、「長期金利の目標値がどこなのか？　1％なのか？　それとも、別の値なのか？」という類の問題が、腰だめでしか議論されていないように見えることだ。

本来であれば、金利の目標値は「自然利子率」を基準として判断されるべきだ。

「市場利子率が自然利子率を下回っていれば金融緩和的、上回っていれば引き締め的」と判断される。

実質自然利子率のあるべき水準を決め、それに物価上昇率の見通しを足して、名目金利のあるべき水準を決める。

自然利子率は、一定の仮定の下で潜在成長率に等しいことが、経済学の理論で分かっている。したがって、データを用いて潜在成長率を推計することによって、自然利子率の水準が分かることになる。

仮に日本の潜在成長率が実質1%であるなら、実質自然利子率は1%だ。したがって、物価上昇率が2%なら、名目自然利子率は3%だ。もし物価上昇率として2%より高い値が想定されるなら、名目自然利子率は3%より高くなければならない。

こうした状況下で名目利子率の目標値を1%とするのは、過剰な金融緩和だと言わざるを得ない。

以上のことは次のように考えれば、納得できるだろう（ただし、これは厳密な説明ではない）。

実質成長率が1%であるとすると、現時点で1単位の投資をすれば、1年後には1・01になる。

この投資資金を実質金利が1％の借り入れで調達すれば、1年後に1・01を返却するので、利益はゼロとなる。

しかし、仮に実質金利が1％より低ければ、このような取引で利益が生じる。したがって、投資が促進されることとなり、経済活動を刺激する。

いまの日本では、物価上昇率が約3％で、名目金利が約0・6％だ。そのため、実質金利はマイナス2・4％だ。これは、明らかに実質潜在成長率より低い。つまり、過剰な金融緩和が行われていると判断せざるを得ない。

過剰な金融緩和の是正が日銀新体制の課題

今回の政策見直しは、金融政策正常化への第一歩との見方もある。欧米諸国が利上げを続ける中で金融緩和策を維持し続ける日本は、確かに特異な存在だ。

ただし、金融政策の見直しは、外国との比較で日本が特異だからというだけの理由で必要とされるのではない。先に述べたように、自然利子率との比較で現実の金利が低すぎることが、基本的な問題だ。このような状態を是正し、正常化することこそが、日銀新体制に課された課題であるはずだ。

本節の最初に紹介したように、植田総裁は、「物価が上昇すれば金利が上昇する。それをどうするか」という趣旨のことを述べている。これを、定量的な形で評価することが重要である。

第5章のまとめ

1. 日銀は、消費者物価上昇率2％を目標として異次元金融緩和を開始したが、実現できなかった。
それは、日銀が行った政策に、物価を上昇させる効果が元々なかったからだ。国債を購入しても日銀当座預金が積み上がるだけで、マネーストックが増えることはない。

また、仮に物価が上昇したとしても、それが経済を活性化させることはなかっただろう。

2. 2022年、アメリカが金利を引き上げた。日銀は金利上昇を認めなかったので、異常ともいえる円安が進行した。

3. 2022年以来の円安は、異次元金融緩和以後の期間でも異常なものだ。しかも、元に戻る気配が見えない。これは、日本企業の体力が弱ったために、金利を引き上げられないことによって生じている。

4．政府の財政収支試算を見ると、金利上昇が経済活動を抑制したり、予算編成を困難にしたりするような効果は認められない。

5．日銀の「政策柔軟化」で長期金利が上昇したものの、円安が進んだ。物価上昇率見通しは短期的には引き上げられたが、持続的でないとされる。日銀は、金利目標値を腰だめで決めるのでなく、「自然利子率」の概念を用いて決めるべきだ。そして、過剰な緩和状態から脱却すべきだ。

第6章

マイナンバーカード「迷走」曲

1. 健康保険証を廃止して、いいことがあるのか？

健康保険証が使えなくなる！

政府は、現在使われている健康保険証を２０２４年の秋に廃止し、マイナンバーカードに一体化すると、２０２２年10月13日に発表した。マイナンバーカードの取得は任意とされているのだが、これによって事実上、その取得が強制化されることになる。

これは、国民生活や医療機関に極めて重大な影響を与える制度改正だ。このまま進んでよいのかどうか、十分な国民的議論が必要とされる。

カードの取得・更新に行けない人もいる

この制度変更によって、大きな困難に直面する人々がいる。

それは、要介護者、長期入院者などだ。こうした人々にとって、マイナンバーカードを取得するのは簡単なことではない。健常者にとっては何でもないことが、大きな負担になってしまうのだ。

まず写真を撮る必要がある。健常者なら、駅にある証明写真ボックスで、あっという間にできてしまう。しかし、寝たきり老人がこれを行うのは、大変なことだ。

写真を撮った後は、申請のために市役所に出向く必要がある。それ自体も大変だが、パスワードなどを入力する必要がある。これを一人で行えない人は、かなり多いはずだ。

しかも、電子証明書の期限は5年なので、5年ごとに役所に出かける必要がある。10年に1回は、写真を取り替えなければならない。

「申請は代理人でもできる」と言われるかもしれないが、身寄りのない人は、代理人もいない。

いまは何もしなくても健康保険証が届く。しかし、マイナンバーカードとなれば、こうした苦難の工程が必要になるのだ。

しかも、こうした手続きの中には、本当に必要なのかどうかが疑わしいものがある。5年に1回電子証明書の更新が必要とされるのは、秘密鍵の更新が必要だからだ。同じ秘密鍵を何度も使っていると、解読される危険があるからだというのだが、それは秘密鍵を頻繁に利用している場合のことだろう。多くの人は、マイナンバーカードの電子証明書など、一度も使ったことがないと思う。一度も使っていないのに解読されるはずはないと思うのだが、5年に1度は役所の窓口まで出向かなければならない。

なんとも不思議なシステムだ。

私の場合、いまは厄介と思いながら窓口に行くことができるが、将来は動けなくなるかもしれない。そうなると、更新の手続きに困ることになる。これが一般にはあまり問題とされていないのだが、実際は大きな問題だ。

健康保険証システムの枠内でやるべきことは山ほどある

健康保険証を廃止してマイナンバーカードに切り替えれば、どんないいことがあるのか？　政府のサイトを見ると、「より良い医療が可能に」「自身の健康管理に役立つ」など、いくつかのことが書いてある。しかし、私はどれも納得できなかった。

より良い医療や健康管理は確かに重要なことだ。しかし、それらはマイナンバーカードを導入しないとできないことなのだろうか？

現在の健康保険証システムの中でも、できることはたくさんあるはずだ。

例えば、持病の治療のためにいつも同じ薬を服用している場合、同じ薬をもらうのにも、いちいち病院まで出かけて医師の診断を受け、処方箋を出してもらわなければならない。毎回、同じ薬を同じように服用しているにもかかわらず、この手続きが必要だ。

仮にこうしたことが電話でできるようになれば、患者の状況はずいぶん改善するだろう。そしてこれは、現在の健康保険証のままでも十分実行可能なことだ。

あるいは、異なる医療機関間のカルテの共有化がなされれば、「より良い医療が可能」になるだろう。しかし、これもマイナンバーカードなしに行うことは、可能なのではないだろうか？

患者の立場から見れば、マイナンバーカードへの切り替えより、はるかにありがたいことだ。医療現場からも、マイナンバーカードのシステムに切り替えれば、これまでより負荷がかかったり、混乱が生じたりする可能性があるという声が上がっている。

利用者の利便ではなく、カード普及だけが目的

以上のことを考えると、健康保険証からマイナンバーカードへの切り替えは、患者や医療機関のためのものではなく、マイナンバーカードの普及そのものを目的とした政策だとしか考えようがない。

政府がマイナンバーカードの普及に躍起になっていることは、これまでのさまざまな施策を見ても言える。

その典型がマイナポイントだ。仮にマイナンバーカードが本当に便利なものであれば、国民は進んでカードを作成するだろう。ポイントを出してまでマイナンバーカードを普及させようとするのは、普及率向上だけが目的であることを、はっきりと物語っている。

そのため、国民生活が不便になることなどお構いなしに、健康保険証を廃止するという暴論が提案されたのだとしか考えようがない。国民の生活が便利になるようなシステムが開発されず、かえって不便をもたらすような利用法が導入されるというのは、なんとも納得がいかない。

データシステムが対応していない

マイナンバーカードの問題が露呈したのは、2020年の定額給付金の際だ。申請をマイナンバーカードで受け付けようとしたところ、地方自治体のデータシステムとうまく接続せず、現場で混乱が生じた。そして、結局、マイナンバーカードを用いる申請は停止された。

これは、マイナンバーカードの普及率が低かったために起こった問題ではない。原因は、マイナンバーカードを使う仕組みが確立されていなかったことだ。

つまり、地方公共団体のデータシステムがマイナンバーカードに対応していないことから問題が生じたのだ。そして、マイナンバーが金融機関の口座と紐付けられていなかったために、紐付け作業をいちいち手作業でやるという事態が生じたのだ。

この問題は、その後是正されたのだろうか？　何も報道されていないのだが、混乱が生じた時点と同じ状態なのではないのだろうか？

そうであれば、どれだけマイナンバーカードの保有者が増えたとしても、再び同じ問題が生じる。同じような事態が生じたときに、マイナンバーカードが使えないということになる。

銀行口座とマイナンバーが関連付けられていれば、給付金の際の混乱は起きなかったはずである。そのため金融機関の口座番号とマイナンバーの関連付けは、さまざまな事務処理をデジタル化するために、大変重要なことだ。

ところが、日本ではこれに対する抵抗感が強い。そうすると資産保有状況が国に捕捉されてしまうという危惧を抱く人々がいるからだ。マイナンバーカードの前身であった住民基本台帳カードは、導入されたものの、このような反対にあって途中で挫折してしまった。

この根底にあるのは、政府に対する国民の不信感だ。それが解決されない限り、マイナンバーカードの保有者がいくら増えても、本当に便利なシステムを構築することは不可能だ。

この問題は、本章の4で再論することとする。

余計な事務が増えた

マイナンバーカードの導入によって、生活がどのように変わったか？

私の場合には、出版社や新聞社など原稿料収入があるところから、マイナンバーの提示を求められるようになった。これがないと、原稿料などの支払いができないのだそうだ。

この手続きは、デジタルでは行えず、アナログ処理を要求される。

先方から送られてきた書類に番号を手書きで記入するだけでなく、マイナンバーカードのコピーが要求される。写真を撮ってメールで送るのでは許されず、紙のコピーをとって郵送する必要がある。

マイナンバーカードは、手続きをデジタルで完結させるための仕組みであるはずだが、実際には、手書きやコピーという超アナログ操作が必要とされるのだ。

この手続きは、あまりに馬鹿げたものだとしか言いようがない。なぜ紙に番号を手書きしたり、カードの紙コピーを提出したりする必要があるのか、まったく理解できない。大した手間ではないが、従来は必要なかったことが必要になったことは間違いない。そして、これによって私の生活条件が向上することなど、もちろんない。

原稿料の支払者側にとっても、能率が向上することはない。むしろ、余計な事務が増えている。すべて紙ベースで行っているので、提示を求める書類を発送するにも、送られてきたマイナンバーカードの紙コピーを処理、保存するにも、多大の手間がかかっているだろう。

紙ベースの事務処理をなくすために導入されたはずのマイナンバーカードによって、紙ベースの事務処理が増えているのだ。

これほど、日本のＤＸ事情を雄弁に物語るものはない。

日本のＤＸとは、事務負担を軽くすることではなく、重くすることだ。

2. 健康保険証を廃止するな

トラブルが解消されても、基本問題は残る

マイナンバーカードを用いる健康保険証（以下、マイナ保険証）で、さまざまなトラブルが生じている。医療機関の窓口で本人確認ができず10割負担を求められる、他人の保険証の内容が見えてしまう、などなどだ。

公金受領の登録でも、コンビニエンスストアでの証明書発行でも他人のものが出てくるなどの問題が生じた。このような技術的な問題は完全に解決しなければならない。これは当然のことだ。

導入を急ぎすぎたからさまざまな不具合が生じている、との批判が挙がっている。そのとおりかもしれない。

しかし、重要なのは、仮にこうした技術的な問題が完全に解決されたとしても、基本的な問題が残っていることだ。そのため、トラブルが解決されれば、健康保険証をマイナ保

険証に切り替えてよいということにはならない。

以下で述べるように、政府が進めようとしている基本的な方向性そのものに重大な問題があり、制度の根幹を考え直す必要がある。

カード取得が「任意」ではなく「強制」に

マイナンバーカードの取得は任意とされている。しかし、健康保険証は誰にとっても必要なものだ。したがって、健康保険証をマイナ保険証に切り替えるということは、マイナンバーカードの取得を事実上強制することになる。

これが、基本的な大問題であり、マイナンバーカード制度の基本にかかわることだ。

現在の健康保険証の仕組みはスムーズに機能している。これをマイナ保険証に切り替えたからといって、格別の利点はない。

利点を感じる人もいるかもしれないが、それはすべての人ではない。利点を感じる人がマイナ保険証に替えればよいだけであって、現在の健康保険証を廃止しなければならないという理屈は成り立たない。

マイナンバーカードの取得が難しい人もいる

もう一つの問題は、1で述べたように、マイナ保険証に切り替えるのが難しい人々がいることだ。その典型は、要介護者、介護施設にいる人々、自由に動くことができない人々だ。

介護施設等の場合には、地方公共団体から出張して、マイナンバーカードの取得を手伝うとされているが、なぜわざわざそんなことをしなければならないのか？　そのための費用はどこが負担するのか？

介護施設等で仮にマイナンバーカードが取得できたとしても、その運用にあたってはさまざまな問題が発生する。

第1に、マイナンバーカードを用いてログインするためには、4桁の暗証番号を入力する必要がある。これを誰が管理するのか？

マイナンバーカードの所有者が管理するべきだが、認知症などの場合には、それは難しいだろう。すると、その管理は施設で行うことになる。これは極めて重大な責任を施設に押しつけることになる。万一、その番号が漏えいして事故が起こった場合に、その責任は誰が負うのか？

あるいは、施設の担当者で4桁の暗証番号を知っている人なら、それを悪用することも考えられなくもない。こうしたことが実際に起こる可能性は低いが、その可能性があるというだけで、介護施設の人には重荷になる。

技術的問題が解決されても、根本問題は残る

以上がこの問題の基本であり、原理的な問題だ。繰り返しになるが、現在の健康保険証を廃止する理由はない。マイナ保険証を導入するのであれば、希望者にだけ交付するようにしないとおかしい。

マイナンバーカードは任意の制度であるにもかかわらず、政府は、それを事実上強制的なものにしようとしている。これが本題の根幹だ。これはまったく正当化できないことである。仮にいま問題とされているさまざまなトラブルが完全に解決されたとしても、なお残る問題である。

そうした根本的問題を抱えたまま、しかも最初に述べた技術的問題も完全に解決されないうちに、健康保険証のマイナ保険証への切り替えを強行するというのは、あり得ない対応である。

仮に強行するとしても、最低限必要なのは5年ごとの秘密鍵の更新は不要とすることだ。秘密鍵を頻繁に利用する人もいるだろうが、そうした人は任意で更新すればよい。まったく使っていない人に対しても、これを強制するのは不合理な仕組みだ。

トラブルの拡大に伴い、デジタル庁への立ち入り検査やマイナンバーカードの返納運動も生じている。これほどの大きな問題になっているのに、政府は基本的な方針を変えない。これは、なんともおかしなことだ。一体どんな事情が裏にあるのだろうと疑いたくなってくる。

3. マイナ保険証迷走のあげくに現れた「資格証明書」という不可解な代物

政府は「資格確認書」を交付する方針

健康保険証の廃止問題に関して、岸田首相は8月4日、廃止時期の判断を2023年の秋以降に先送りするとした。そして、マイナ保険証を持っていない人すべてに対して「資格確認書」を交付する方針を示した。

資格確認書についてはこれまで、本人の申請に基づき、有効期限1年を限度として発行するとしていた。この方針を変更し、マイナ保険証を保有していないすべての人に対して、申請によらずに交付する、有効期限は5年を超えない期間にするとしている。

簡単に言えば、健康保険証を廃止し、その代わりに実質的にはまったく同じものを、資格確認書という名前で発行するということだ。

資格確認書はいまの保険証と同じもの

資格確認書の発行は1回限りではなく、5年の有効期間を迎えるたびに、新たな確認書を発行することになるようだ。

後期高齢者保険では健康保険証の有効期限は原則1年だから、その有効期間が来るたびに発行されるのだろう。組合健保の場合、現在は一度保険証を獲得すればそれをずっと使えるが、これも5年ごとに発行することになるのだろう。つまり、現在の保険証と同じものを発行するのだが、その頻度は現在とは違うものになるということのようだ。

なぜこのような方式に変更する必要があるのだろうか？　いまの保険証のままでいいのではないだろうか？　なぜこんな面倒なことをするのか？　これは、いたずらに混迷を広げる処置としか思えない。

事務量「爆増」という深刻な問題

資格確認書の交付によって、事務量が増える。

現在、マイナ保険証に切り替えている人は、約６７００万人と言われる。今後マイナ保険証への切り替えがさらに増えるかもしれないが、資格確認書で済むならそれでよいと考える人も増えるだろう。反面、マイナ保険証に後で述べるような問題があることから、すでに切り替えている人も、それを取り消して、資格確認書にするかもしれない。

そう考えると、発行件数が数千万件になる可能性がある。そのための事務は大変なものになる。組合健保に関しては、現在より発行頻度が多くなるので、この問題は深刻だ。

しかも、現在の保険証のように全員に発行するのではなく、マイナ保険証を持っていない人に対してだけ発行するのだから、マイナ保険証を持っているかどうかの確認が必要になる。この確認をどのように行うのだろうか？

このための事務手続きは、大変なものだろう。その過程で混乱が発生し、誤りが発生する可能性は大きい。

以上は資格確認書発行者の問題だが、医療機関においても問題が生じる。マイナ保険証と資格確認書の2系列が生じることになり、現在よりも複雑な流れになってしまう。これをうまく処理できるだろうか？

なお、資格確認書の場合は、本人負担額がマイナ保険証の場合より高く設定される予定だ。寝たきりなどでマイナンバーカードを取得できない人に対して、なぜこのようなペナルティを課すのか、理解できない。

秘密鍵の更新ができない場合、混乱が発生しないか？

すでに述べたように、マイナンバーカードは、一度取得すればいつまでも使えるものではない。5年に1度、秘密鍵の更新が必要になる。

組合健保の場合、いったん取得した保険証はずっと使えるが、それより不便になるわけだ。後期高齢者保険の場合も、マイナ保険証に切り替えると5年に1度はこの手続きが必要になる。マイナ保険証を取得したときには元気だったが、その後体調が悪化し、秘密鍵更新のために役所の窓口に行けなくなる可能性もある（なお、後期高齢者の資格確認書は有効期限1年になるとの報道もある）。

秘密鍵が更新できなければマイナ保険証は失効することになるが、この場合に、発行主体がそれを感知して、自動的にすぐ資格確認書を発行してくれるのだろうか？

それができないと、マイナ保険証は使えないし、資格確認書もないということになってしまう。これに対してはどのような措置が講じられるのだろうか？　そうした危険があるのなら、先に述べたペナルティを我慢して、資格確認書にしたほうが安全ではないだろうか？　すでにマイナ保険証を取得していても、そう考える人もいるかもしれない。

以上を考えると、今回の措置は、単に混乱を拡大するだけのものとしか考えられない。健康保険証という極めて重大な制度に関して混乱が起きることになれば、由々しき事態だ。

「曖昧な」メリットと「明確な」デメリット

そもそも基本に戻って考えれば、現在の保険証をマイナ保険証に替えるメリットがはっきりしない。

現在の「お薬手帳」より、薬の情報を医療機関が正確に把握できるようになるという。

しかし、それはいまの健康保険証のシステムでも、仕組みを作ればできることだ。そのほうがリアルタイムの情報が反映されるので望ましいという意見もある。

その半面で、マイナ保険証の問題点ははっきりしている。マイナンバーカードという、極めて重要なカードを持ち歩くことになるので、紛失した場合の損害が大変なものになる。健康保険証でも紛失の問題はあるが、それによる被害は限定的なものだ。それに対して、マイナンバーカードを紛失した際の問題は、場合によっては深刻なものとなる。

また、医療現場でもすでにさまざまな不都合が報告されている。

国民の多くが不審に思っているのは、「なぜこのように無理をして、現在の健康保険証を廃止しなければならないのか？」ということだ。その理由が分からない。

「デジタル社会へのパスポート」というような曖昧な内容では、説明にならない。

マイナンバーカードの普及それ自体が目的化してしまっており、マイナ保険証がそのための手段になっているとしか思えない。

なぜ政府はマイナンバーカードに執着するのか？

日本政府は、なぜマイナンバーカードの普及に異常に熱心なのだろうか？　明らかに不合理な政策を強行する理由が何なのか、それがまったく分からない。

この政策が挫折すれば、デジタル庁の存立は危うくなるかもしれない。そのため、デジタル庁の執念は分からなくもない。しかし、なぜ厚生労働省がこの制度に反対しないのだろうか？　誠に不思議なことだ。我々には知ることのできない深い事情があるのではないかと疑いたくなる。

そもそもこうした仕組みは、政府に対する国民の強い信頼がないと機能しない。それが欠如していることが基本的な問題だ。

世論調査によれば、国民の7割近くが、マイナ保険証に対する政府の対応は評価できないとしている。このような評価を受けている政策が、うまく機能するはずがない。

4. マイナンバーの利用範囲拡大のポイントは預金口座

マイナンバーの利用範囲拡大で公金受取

マイナンバー法では、マイナンバーの利用範囲は、社会保障、税、災害対策に限定されていた。

政府は、2023年にマイナンバー法を改正して、利用範囲を拡大した。そして、自治体などが保有する住民の預貯金口座番号を、マイナンバーに紐付く公金受取口座として登録する仕組みを導入した。これによって、今後、政府からの給付金などが支給される場合に、事務手続きが効率化できるとされる。

まず、これは、マイナンバーカードの問題とは別であることに注意しよう。この2つは、しばしば混同される。

これまで述べた健康保険証の切り替えは、マイナンバーカードの問題だ。これに対して、マイナンバーというのは、国民背番号のことである。すべての国民に自動的に割り振られている。本節以降で問題とするのは、マイナンバーをどのような用途に用いるかという問題だ。

すべての銀行口座についてマイナンバーの紐付けを強制するか

銀行口座とマイナンバーの関連で真に問題となるのは、すべての銀行口座について、マイナンバーの紐付けを強制するかどうかである。

先に述べた公金受領システムは、「すべての銀行預金口座をマイナンバーに紐付ける」ことと、2つの点で違う。

第1に、紐付けられていない口座も残ることだ。

第2に、紐付けを拒否することも可能であることだ。

すべての銀行預金口座を強制的にマイナンバーに紐付けることにすれば、口座の名寄せが可能になる。したがって、隠し口座を持つことができなくなる。

これに対しては、一部の人々から極めて強い反対がある。マイナンバーカードの前身である住民基本台帳カードは、こうした反対のために、廃止に追い込まれた。

しかし私は、こうした紐付けはなされるべきだと思う。なぜなら、税務署が納税者の資産を正確に把握でき、公正な課税が可能になるからだ。

また、社会保険の自己負担などを、現在のように所得条件だけで決めるのでなく、資産条件で決めることが可能になる。

国に対する信頼が不可欠

原理的に言えば、強制紐付けは望ましい結果をもたらすと私は考える。

しかし、現実には、こうしたことには、社会全体の賛成が得られない。そして、強制紐付けは国が国民を監視するための手段だとみなされる。

この問題は、結局のところ、国民が国を信頼するかどうかにかかっている。口座の強制紐付けが、国民のためになることなのか、それとも、ためにならないことなのかの判断だ。

国が国民の全幅の信頼を獲得するとは、「国は国民のためにならないことは決してしない」という確信が確立されることだ。それは、容易なことではない。しかし、それこそがマイナンバーの利用拡大にとって不可欠の条件なのである。

5. ワクチンパスポート

ワクチンパスポートとマイナンバー

実は、マイナンバーの利用拡大問題は、2021年にワクチンパスポート作成と関連して生じた。ワクチンの接種記録をマイナンバーを用いて管理することとし、そのデータベースを用いてワクチンパスポートのシステムを運用しようとする動きだ。

これについて私は、ワクチン接種記録への利用はマイナンバー法が認める範囲を超えているので、法改正が必要であると主張した。しかし、政府は法改正をせずに、マイナンバーを用いたデータベースを作成した。

国内用ワクチンパスポートは、感染拡大防止と経済再開を両立させる

2021年以降、ワクチンの接種を証明する「ワクチンパスポート」を入国の際に求める国が、欧州を中心として広がった。これに対応して、日本でも接種証明書を渡航者用に

発行している。旅券とともにその証明書を提示すれば、その人がワクチンの接種を受けたことが証明できる。

ところで、新型コロナウイルスの感染拡大防止と経済活動の再開を両立させる手段として、ワクチンパスポートを国内でも用いた国がある。

レストランや建物、あるいは集会や劇場に入場する際にワクチンパスポートを提出し、ワクチン接種を証明できる人だけが利用を許される仕組みだ。

イスラエルは早くから導入している。ヨーロッパでも、北欧諸国などを中心として導入が広がった。

日本でもこれを導入すべきだとの声が経済界からある。しかし、果たして日本で導入できるだろうか？

ワクチン接種済証では証明にならない

国内でのワクチン接種証明には、ワクチンを接種したときの接種済証を使えばよいだろうとの意見がある。しかし、そういうわけにはいかない。

問題は、その接種済証を提示している人が、接種済証に記載されている人と同一人物であることを確認できるかどうかだ。

運転免許証や旅券を持っている人であれば、それを一緒に提示することによって、確認できる。運転免許証などに記載してある住所、氏名などとワクチン接種済証に記載してある住所、氏名などが一致していること、運転免許書等に添付してある写真と本人の顔が同一人物であると認められることを確認すればよい。

しかし、健康保険証でしか本人確認ができない人はどうか？　この場合には、接種済証が提示している本人のものであるかどうかは確認できない。健康保険証には写真がないので、接種済証と健康保険証を他人から借りてきているかもしれないからだ。したがって、国内ワクチンパスポートとしては機能しない。

この問題は、原理的に言えば、ワクチン接種の際にもあった。ただ、ワクチン接種の場合には、接種予約証と健康保険証を他人に貸す人はまずいないだろう。そうすれば、自分が接種を受けられないからだ。

ところが、国内ワクチンパスポートとしての利用なら、接種済証と健康保険証を他人に貸しても、あまり大きな問題は生じない。返却してもらえば自分でも使えるからだ。しかも、不正が発覚する確率はあまり大きくないだろう。

　こうして、親切心から、あるいは対価を求めて、他人に貸す人が続出するだろう。そうなれば、国内ワクチンパスポートとしては有名無実のものになる。

健康保険証は不完全な本人確認手段

　前項で述べたのは、日本における本人確認制度が不完全なものであるということだ。日本では、健康保険証も本人確認の手段として一定の効力を持つとされている。医療機関で受診するとき、健康保険証の提示を求められ、提示しさえすれば、受診できる。しかし、健康保険証に顔写真はない。したがって、厳密な意味では、本人確認はできないはずだ。

　実際、年齢や性別が大きく違っている場合などを除けば、不正使用をしてもまず発覚することはないだろう。他人の健康保険証を用いて受診することは、支払うべき保険料を払わずに医療サービスを受けるのだから、本来は犯罪（詐欺罪）になる。しかし、こうしたことが実際に問題になったと聞いたことがない。

　健康保険証が不完全な本人確認手段であることは、「犯罪による収益の移転防止に関する法律施行規則」の2020年4月1日の改正に伴い、郵便物の特定事項伝達型の本人確認書類は[*1]、顔写真が貼り付けられているものに限定され、健康保険証は利用できなくなったことを見ても明らかだ。

マイナンバーカードでデジタル証明をしたらどうか？

日本の渡航用ワクチンパスポートは紙形式であり、自治体に申請して発行してもらうことになっている。しかし、国内用ワクチンパスポートは、デジタルで行う必要がある。その理由は2つある。第1の理由は、事務負担だ。渡航用であれば、申請者数は限られるから、対応できるだろう。しかし、国内用ワクチンパスポートとなれば、非常に多数の人が申請することになるので、それを紙で発行すると、事務量が膨大になってしまう。

第2の理由は、デジタルであれば本人確認のための強力な手段が使えるからだ。具体的には次のような仕組みが考えられる。なお、これは地方自治体が提供するのではなく、国が提供すべきものだ。

国内用ワクチンパスポートを申請する人は、スマートフォンからマイナンバーカードを用いて政府が作成したサイトにアクセスする。そして、接種の際に用いたＩＤを入力する。例えば、健康保険証を用いたのだとすれば、健康保険証番号を入力する。

この情報は、政府が管理するVRSのシステムに接続される。VRSは、接種状況を記録するために政府が開発し導入した仕組みだ。ここでは、マイナンバーでデータが管理されている。ただし、現在は、政府内の内部管理用の利用に限定されている。これを、個人からの照会にも利用できることとする。

マイナンバーカードでアクセスしているので、本人からのアクセスであると確認できる。VRSのシステムに照会すれば、そのIDの人が接種しているかどうかが分かる。そこで、接種した人に対しては、接種済み証明書を、スマートフォンに向けて送る。実際に使用するときには、その証明書を見せればよい。

もちろん、このシステムは、マイナンバーカードを持っていることが前提だ。2021年当時では、マイナンバーカードを持っている人は国民の3割程度だったので、問題があった。

しかし、マイナンバーカードを申請することは可能なので、「ワクチンパスポートを求めるならマイナンバーカードを取得せよ」ということにすればよい。少なくとも、理屈の

＊1　ここでいう、特定事項伝達型（本人限定受取郵便）とは、受取人本人だけが受け取ることができる郵便のこと。

上では、そういうことになる。

なお、ＶＲＳは、現在は政府部内のデータ管理だけのためのものとされているので、それを個人からの照会に使うためには、法的な措置が必要だ。以上で述べたのは、あくまでも技術的な可能性の観点だけから考えたものだ。

ＶＲＳの入力遅れが障害

技術的な観点からだけ見ても、実は問題がある。

このシステムは、ＶＲＳがリアルタイムに近いスピードで接種データを記録してくれないと機能しない。ＶＲＳは、即時に入力できると宣伝されていたのだが、現実には支障が出たようだ。接種現場で使いにくいという声が続出しており、接種してからＶＲＳに反映されるまでに時差が生じた。自治体によっては、１カ月近く遅れた場合もあったという。これが改善されないと、国内パスポートは機能しない。

また、日本の場合は、すべての国民がスマートフォンを保有しているわけではない。スマートフォンを持っていなかったり、それを操作することができなかったりする人も多いので、その点でも問題である。

これは、日本では、デジタルな面でも完全な本人確認のシステムが確立されていないということなのである。

本人確認は、紙の世界でもデジタルの世界でも、さまざまなことの基本になる。デジタルの世界においては、対面で相手を見ることができないので、ことに重要だ。しっかりした本人確認手段を持たない社会は、デジタル化を進めても、必ずどこかで障害に突き当たる。

以上のような技術的な問題はあったのだが、最大の問題はワクチンパスポートのためにマイナンバーを利用していいかどうかという点だ。これが基本的な問題だったのだが、十分な議論がなされないままに導入され、そしてあまり用いられないうちにうやむやに終わってしまった。

第6章のまとめ

1. 政府は、健康保険証を廃止して、マイナンバーカードに切り替える方針だ。しかし、これによって重大な問題に直面する人たちがいる。切り替えより、現在のシステムで可能なことを実行すべきだ。マイナンバーカードは、余計な事務負担を増やし、効率化を阻害している。

2. マイナ保険証でトラブルが続出している。こうした技術的問題を解決すべきは当然だが、それで健康保険証廃止が正当化されるわけではない。なぜなら、マイナ保険証制度の基本に大問題があるからだ。

3. 政府はマイナ保険証を保有していない人に「資格確認書」を交付する。これは、現在の保険証と実質的に同じものだ。しかし、それを発行する事務量は大変なものになる。なぜこのように面倒なことが必要なのだろうか?

4. マイナンバーと銀行口座との紐付けなど、マイナンバーの利用範囲拡大は、一定の条件の下でなら望ましいことだ。この究極の形は、すべての口座との強制的紐付けだが、そのためには、国が国民の絶対的な信頼を獲得する必要がある。

5．コロナの感染拡大防止と経済活動再開を両立させる国内ワクチンパスポートは、日本では紙のシステムでは実現できない。本人確認手段が不完全だからだ。マイナンバーカードを用いたデジタルな仕組みの構築は、原理的には可能だ。しかし、実際にはさまざまな問題がある。本人確認の問題はもっと真剣に考えられるべきだ。

第7章

生成AIという大変化に対応できるか?

1. 日本経済衰退の原因は、ＩＴ革命に対応できなかったこと

デジタル化の遅れで生産性が向上せず

日本のデジタル化が遅れている。デジタル化の遅れは何をもたらしたか？　この答えは明白である。日本の生産性の低迷だ。

文書をファクスで送るのは、手間も時間もかかる。それをメールで送れば簡単に済む。事務処理をデジタル化すれば能率が上がるのは明白だ。それをできないでいる。あるいは、印鑑を押すだけのために在宅勤務を途中で止めて、出社しなければならない。その通勤時間は、まったく無駄なものだ。

こうしたことが横行している社会で、生産性が高まるはずはない。これは我々の日常経験からも明らかなことだが、統計データにも、そのことがはっきりと示されている。

第2章で、１９９０年代頃から日本の成長が止まったことを述べた。そこで指摘したのは中国が工業化に成功したため貿易の面で日本のシェアが低下したということなのだが、

それと同時に、デジタル技術において進展があり、それに日本が対応できなかったことが原因だ。

デジタル化投資こそ日本が目指すべき道

では、日本の現状を改善するのは不可能なのか？

そんなことはない。なぜなら、同じ金額であっても、生産性向上に役立つような投資をすることが可能だからだ。それがデジタル化投資にほかならない。これが、日本でいままで十分に行われてこなかったことが問題なのだ。

デジタル化によって貧困から脱出できた国が、実際にある。アイルランドはヨーロッパで最も貧しい国の一つであったが、ＩＴ革命に対応することによって、ごく短期間のうちに情報化立国を実現し、ヨーロッパで最も豊かな国の一つになった。

アイルランドは小さな国だから可能だったのだと思われるかもしれない。しかし、アメリカも同じだ。ＩＴ革命を先導し、世界的水平分業化を利用することによって、80年代の低迷から脱出することができた。

日本が現在の低迷から脱却する道は、技術開発しかあり得ない。それは、大学における基礎研究と人材育成から始まり、企業における実用化、そのための開発資金の調達、組織間の人材流動性の拡大、開かれた組織の実現、世界的水平分業の促進などを含む、社会全体のエコシステムの構築だ。

これらは、アベノミクスにおいて「第3の矢」という抽象的な方向が示されただけで、具体的なことは何も行われなかった分野だ。日本が目指すべき道は、ここにある。

2. デジタル化の第1ステップは、失敗の反省

コロナではっきり分かった日本のデジタル化の遅れ

日本のデジタル化の遅れは、これまでも日常生活の中で何度も経験させられてきた。その最たるものが行政手続きだ。

窓口に出向かなければならず、書類には印鑑をいくつも押さなければならない。三文判を買ってくれば誰でも押せるのに、なぜこんなものが必要なのかと誰もが疑問に思ってい

る。しかし、ずっと続いてきた儀式なので、誰も異議を唱えようとしなかった。

デジタル化の遅れは、行政手続きだけではない。民間企業も大同小異の状況だ。ただ、民間企業がいくらデジタル化を進めても、最終的には官公庁の手続きがデジタル化されていないために、完結できずに終わる場合が多い。書類の送付にPDFは使えずファクスを使わなければならない、メールは駄目で電話のみなどだ。

それでもこれまでは、不便だが何とかやりくりしてきた。新しい仕組みに変えるのは面倒だというので、前世紀の遺物を使い続けてきた企業も多いと思う。

ところが、新型コロナウイルスの感染拡大で、こうした条件が一変した。混雑する窓口に、感染を恐れつつ出頭しなければならない。在宅勤務になっても、印鑑が会社にあるので出社しなければならないということも生じた。こうして、単に不便というだけのことではなくなった。コロナのような事態では、デジタル化が極めて重要な課題であることがはっきり分かった。

デジタル化は、コロナのような緊急時だけでなく、平時の経済活動についても重要な意味を持つ。日本の労働生産性(就業者1人当たりのGDP)は、極めて低い。OECD諸国の中で最下位のグループだ。最近では、韓国にも抜かれている。

なぜこんなにも低いのか？　その大きな原因が、デジタル化の遅れにある。

20年前に同じことを試みて失敗

政府は、こうした状況に対処するため、デジタル庁を発足させた。そして、行政のオンライン化や脱印鑑などを進めるのだという。

ところで、政府がこのようなことを言うのは、初めてではない。20年以上前の2001年に、「eジャパン戦略」というものが打ち上げられ、そこでほぼ同じことが言われた。

2003年までに国の全行政手続きのオンライン化を目指し、行政のワンストップサービスを実現するとしたのである。

では、その成果はどうだったか？

私は2005年に1年間アメリカに滞在したが、滞在中に運転免許証の更新時期が来てしまった。「eジャパン戦略」の言うとおりなら、そのときすでにオンライン申請ができたはずだ。ところが実際には、更新のためだけに、日本に戻らなければならなかった。

他方で、カリフォルニアの免許証は、日本に帰国してからオンラインで簡単に更新することができた。このほか、アメリカでの税務申告がオンラインで実に簡単にできたことなど、日米の差を思い知らされた。

技術の問題というより、組織のあり方の問題

日本政府は縦割りであり、それがデジタル化の障害になっていると指摘される。そして、デジタル庁がその状況を打破するのだという。

確かに、縦割りは問題だ。それを打破することも必要だ。しかし、それができるのだろうか？

例えば、運転免許証の更新手続きをオンライン化できないのは、更新制度そのものに問題があるからだ。現在のような制度では、オンライン化ができるはずはない。では、デジタル庁はこれを改革できるだろうか？

日本の運転免許証制度は、教習所まで含めて、すでに一大産業になってしまっている。それを合理化しようとすれば、多くの失業者が発生するだろう。そうしたことが果たしてできるだろうか？

組織が縦割りでＩＴ案件の発注が省庁ごとに行われた結果、業者との密接なつながりが固定化している。それが合理的なデジタル化を進められない原因だとも言われる。確かに

そうだ。しかし、このような利権構造を変えることができるのだろうか？

民間企業も含めて、日本の在宅勤務は進まない。その原因は、日本の組織では、勤務評価が仕事の成果ではなく、勤務時間でなされるからだ。これを変えることができるだろうか？

このように、デジタル化の推進とは、日本の社会構造を根底から変えるという、極めて大きな課題なのである。デジタル庁を作るだけでそれが達成できると考えるのは、あまりに楽観的だ。

デジタル庁は国民の信頼を獲得できるか？

さらに根源的な問題もある。それは、「なぜデジタル化を進める必要があるのか？」という問いにかかわる。

デジタル化を進めるのは、そうすれば仕事の能率が上がるからだ。民間企業の場合には、確かにそれで済む。しかし、国のデジタル化はそれだけの問題ではない。

なぜなら、デジタル化を進めれば、国家が国民を管理することが容易になるからだ。デジタル化は、究極の管理国家にも通じる道なのである。

デジタル化によって人々は自由を獲得するのか？　それとも、完全な管理下に置かれることになるのか？　どちらもあり得る。

中国はいま、後者の道をばく進しつつある。それと対照的なのが、北欧諸国だ。デンマークは、国連の電子政府ランキングで第1位。大半の行政手続きがオンライン化されている。この基盤は、１９６８年に導入された個人番号制度だ。これは、日本のマイナンバーに相当する。

デンマークでこれが受け入れられているのは、「これが国民管理のためには用いられない」という国への信頼があるからだ。

つまり、デジタル化を進めるために絶対に必要なのは、国家に対する国民の信頼なのである。

日本で、マイナンバーカードの前身である「住基カードネット」（２００２年から稼働）が失敗したのは、そのような信頼を獲得できなかったからだ。

デジタル庁発足の数日前、五輪・パラリンピック向けアプリの入札に関連して、デジタル庁の母体である内閣官房ＩＴ総合戦略室の幹部６人が処分された。このような状況で、デジタル庁は国民の信頼を獲得できるのだろうか？

失敗の検証がなければ、同じ過ちを繰り返す

初めての試みが失敗するのは、やむを得ない面もある。しかし失敗は、多くの情報をもたらす。なぜ失敗したのか？　どこに問題があったのか？　それらは、どのようにすれば解決できるのか？　解決のためには、いかほどの人的・物的資源の投入が必要なのか？　そして、どの程度の時間が必要なのか？　などなどだ。

先に述べたように、2001年の「eジャパン戦略」は、失敗した。なぜ失敗したのか？　その検証こそが、将来戦略を描く前提として、絶対に必要なことだ。再び挑戦するのであれば、こうした検証作業が、第一歩でなければならない。

本来であれば、デジタル庁の最初の仕事は、「eジャパン戦略」の失敗に関する調査と分析の報告書作成であるべきだった。しかし、そうした作業は、何も行われなかった。「eジャパン戦略」を頓挫させた要因は、いまでも何も変わらずに、日本社会を支配している。そうであれば、何を行っても前と同じ障害に遭遇する可能性が高い。そして、前と同じことが繰り返されるだけに終わる危険がある。

3．デジタル移民：「国境を越える在宅勤務」に対応できるか？

「会える機会」を広げたビデオ会議

新型コロナウイルスの感染拡大に伴って、在宅勤務が増え、ビデオ会議などを使う機会が増えた。

ところが、日本では、これは対面の代替物だと考えられることが多い。本来はリアルな対面の場が望ましいのだが、それが制約されているので、コミュニケーションの質は下がるけれども、やむを得ずビデオ会議を行うという考えだ。

そうした側面は、確かにある。リアルな対面でのコミュニケーションに比べて、ビデオ会議のコミュニケーションは情報量が少なくなることは否定できない。

一方では、これまでは対面の会合が難しかった相手と、ビデオ会議でなら容易に会えるようになったというケースもある。

社外の人たち、あるいは社内でも離れた事業所にいる人たちとの打ち合わせや会合などは、これまでよりも増えているのではないだろうか？　これまでだと、会議の場所を設定し、そこに集まる必要があった。そのため、会議の時間だけでなく移動の時間も必要になり、そう頻繁には行えなかった。遠隔地にいる相手との場合は、特にそうだ。

ところが、ビデオ会議であれば、日時を設定してその時間帯を空けておくだけでよい。私の場合で言えば、インタビューをごく簡単に受けられるようになった。

これまでだと、インタビュー自体は1時間であっても、移動時間などがあるので、午後をすべて潰すことになりかねなかった。しかし、ビデオ会議なら、そうしたことはない。

仕事上の集まりだけではない。学生時代の友人たちとの集まりが、コロナ前より増えた。これまではメールで連絡しあっていたのがビデオ会議になり、実際に会うのが1年に数回しかなかった集まりを、1カ月に数回行ったりしている。

ビデオ会議のサービス自体は、これまでも提供されていた。しかし、実際に使っていたのは一部の人たちだ。それがこの1年間で、誰もが使うごく普通の道具になった。これまではビデオ会議というものに関心を持っていなかった人が使うようになった（私自身もそうだ）。

そして使ってみれば、ごく簡単にできることが分かった。そのため、それが当たり前の連絡手段だと認識されるようになった。こうした意味において、ビデオ会議の社会的な地位が確立されたことの意味は大きい。

いとも簡単に国境を越える

注目すべきは、国際的な集まりが実に簡単にできるようになったことだ。これは画期的なことだ。

いまは外国に住んでいる学校時代の同級生が、何人もいる。こうした人たちとは、メールで交信することはあったが、実際に会うのは数年に1回だった。あるいは何十年も会っていなかった人もいる。

海外在住の人たちが同窓会のためだけにわざわざ費用をかけて来日するのは、不可能に近い。何かの都合で来日するのに合わせて開催しようとしても、在外者が複数人になると、日程調整はほとんど不可能だ。

ところがビデオ会議なら、ごく簡単に同窓会ができる。問題は、時差を考慮した時間帯の設定だけだ。出席者がヨーロッパとアメリカにいると、どうしても夜中や早朝になってしまう。

それさえ何とかすれば、旅費も時間もかけず、同じ町に住んでいる感覚で話し合える。こうした集まりは、私の周りで増加している。コロナ前には思いもよらなかった集まりが行われているのだ。

国際集会に簡単に出席できる

国境を越えた集まりへの参加が容易になったのは、同窓会だけのことではない。私が注目しているのは、専門家同士の会合だ。私自身も、韓国のグループとのオンライン会議に数回参加した。リアルな会議であれば、隣国の韓国であっても、出席はそう簡単ではない。それが実に簡単に出席できた。

また、私が行ったウェビナーでも、日本の各地だけでなく、海外からも参加があった。

2020年には、小規模な研究会だけでなく、大規模な学会も、リアルな会合のほとんどすべてが世界中で中止になり、オンライン会合に切り替えられた。

コロナで国際的な人の移動がほとんどできなくなったためにやむを得ずそうなったのだが、ここでも、結果的に人と人との出会いが広がった面がある。

会議主催者の立場から見ても、会場を予約する必要がなくなったため、スケジュールを柔軟に組めること、会場費を節約できることなどのメリットがあるという。

こうしたことは、当然のこととはいえ、やってみて初めて気が付いた面もある。そのため、コロナが終息した後も続く可能性が高い。

研究会、学会などの一時的な集まりに限らず、継続的な関係においても、国際的な共同作業がしやすくなっている。共同研究や共同プロジェクトなどを行っている研究機関は、海外のカウンターパートとビデオ会議によって簡単に意思疎通できるようになった。

一般的な企業活動、特に営業関係の仕事では、微妙な交渉が必要なこともあり、ビデオ会議ではやりにくい場合も多いだろう。それに対して研究活動では、客観的な議論が主体だ。そのため、ビデオ会議とメールの組み合わせによって、かなりの作業が進められる。

物理的な移動をしなくとも、オンラインの移動をすれば、同じことができる。まさに、「リモートワーク」という言葉どおりの事態が生じている。

国際間の人の移動は、コロナが終息すれば元に戻るだろうと多くの人が考えている。確かに、観光客は元に戻るだろう。しかし、ビジネス客が元に戻るかどうかは疑問だ。少なくとも専門家同士であれば、現地に行かなくても、十分に共同作業ができるようになってきたからだ。

オンライン移動は、ニューノーマル社会の重要な特徴となるだろう。

言葉の壁が消滅すれば何が起こるか?

国際的な共同作業を行う上で問題となるのは、距離と時差と言葉の違いだ。これらのうち距離は、ビデオ会議によって克服された。時差は依然として残っているとはいえ、さまざまな工夫で克服できないものではない。

最後に残るのは、言葉の壁だ。言葉の壁を乗り越えられる専門家たちはすでに、地球の裏側にいる人とも簡単にコミュニケーションをとりつつ、共同して仕事を進められるようになっている。

ところで、言葉の壁がない人々は、専門家に限ったことではない。世界共通語である英語を使える人々は、世界中に膨大な数がいる。

仮に、日本の企業が英語を社内公用語とすれば、それらの人々は、自分の国に住んだままで、日本の企業に在宅勤務することができる。

日本の都市で郊外から都心に在宅勤務することと、インドから日本の都心に在宅勤務することは、日本の企業が英語を受け入れさえすれば、同じことだからだ。

こうして、ビザを必要とせず入国審査も必要としない外国人就業者、つまり「デジタル移民」が登場することになる。

日本国内では、在宅勤務が期待されたほど進展していない。これは大変残念なことだが、ここで強調したいのは、仮に日本の多くの企業で在宅勤務が広がらないとしても、一部の企業が「デジタル移民」を受け入れれば、日本社会は大きく変わるということだ。

国際的リモートワークがもたらす変化は、想像を絶するものになるだろう。インターネットの普及によって、世界は大きく変貌した。それと同じような変化がいま起ころうとしている。

もう少し先の将来を見れば、さらに大きな変化が生じるかもしれない。

自動翻訳はいまのところ、言葉の壁を完全に克服するには至っていない。しかし、AI（人工知能）の進化は日進月歩だ。近い将来に、AIの自動翻訳によって言葉の壁を乗り越えられる日が来るかもしれない。

そうなった場合に、日本企業に在宅勤務し得る「デジタル移民」は、全世界に広がる。

例えば、これまで日本企業のシステムエンジニアは、日本語が読めないと仕事にならなかった。そのため、インド人のシステムエンジニアが参入する可能性はなかった。しかし言葉の壁が消滅すれば、事態は一変する。我々は、そのような変化に対応できるだろうか？

4．生成ＡＩの登場という大変化が生じている

働き方と社会のあり方に甚大な影響を及ぼす生成ＡＩ

デジタル化に関して、いま極めて大きな変化が進行中だ。それは文章などを生成するＡＩが登場したことだ。これまで人間にしかできないと思われていた知的活動の領域に、コンピューターが入り込んできたのだ。

２０２２年の11月にChatGPTが登場し、利用者が爆発的に増えた。3月には生成ＡＩのBingやBardが現れた。

日本でファクスをやめてメールにすべきだとか、フロッピーディスクの利用はやめようと議論しているところに、それとはまったく違うスケールの大変化が起きてしまったのだ。

これは、いままでのデジタル化とはまったく性質の異なる変化だ。我々の働き方と社会のあり方に根源的影響を与えようとしている。これまで我々が慣れ親しんできた社会構造が、根源から覆されかねない。

これは、活版印刷術やインターネットより大きな変化だろうとする意見が多い。もしかすると、人類の文明史上において初めての大きな変化かもしれないとの見方もある。

あまりに大きな変化が突如として生じたために、人々はどう対応していいか分からず右往左往をしているのが現状だ。

好ましいことだけではない

生成ＡＩは、これまでの技術と同じように、作業を効率化してくれる。しかし、それは、ファクスからメールへの移行のようなシンプルな変化ではない。

これまで、デジタル化自体は、生産性を上げるという意味で望ましい効果を持つという面が強調されてきた。それが社会に破壊的な影響をもたらすかもしれないことは、あまり問題にされなかった。つまり、デジタル化は良いことだと、当然のこととして認められてきたのだ。

そのため、ファクスを残したほうがいいとか、フロッピーディスクを残したほうがいいという考えは、支持を得られなかった。

しかしChatGPTは違う。影響が非常に大きいため、仕事の効率を高めるだけでなく、社会の基本的な仕組みそのものに大きな変化をもたらすのだ。これが従来のデジタル化とは根本的に異なる点だ。

適切に技術を活用できれば、生産性の向上は間違いない。しかし、それによって大量の失業が生じる可能性もある。

知的労働者の失業が生じるが、抵抗は無意味

すでにアメリカでは新しい技術の導入による失業の問題が発生している。従来の機械化とは違って、単純労働というよりは、高度な知的労働に影響が及んでいる。

また、医師や弁護士などの仕事のかなりをChatGPTが代替していくことになるだろうとも考えられている。学校の教師の仕事の中身も、大きく変わっていくに違いない。

我々の社会は、前例のない新たな課題に直面している。この急激な変化にどう対応するかが、いま誰もが直面している大きな問題だ。

そして、具体的にどの分野やどの職種がこれから影響を受けるかは、まだ分からない面が多い。

ただ、明らかなこともある。それは、機械打ち壊し運動をしたところで、この技術が広がっていくことは押し止められないということである。我々は、それに適応するしかない。最低限、どうやって対応したらよいかを、個人個人が真剣に考える必要がある。

日本政府はこの技術動向をどう捉えているのだろうか? 日本社会が進むべき方針は示せるのだろうか?

まったく新しい技術の影響は評価しにくい

インターネットも、社会に大きな変化をもたらした。私の仕事も、検索エンジンやクラウドの利用によって作業効率が飛躍的に向上した。

しかしその半面で、書籍に対する需要が激減したことの影響も大きい。差し引きで言えば、私はインターネットによって被害を受けた人間だということになるだろう。

生成AIについてもそうだ。使わなければ取り残される。しかし、使ったところで、経済の大きな変化に対応できるかは分からない。そのため、生き残れるという保証はない。

日本はこの新しい技術を使えるか？

この技術に対応するためには、その特性を理解し、適切に活用する社会や組織の体制作りが不可欠だ。

この技術の導入は、アメリカ社会では、すでに現実的な影響を及ぼしている。それは、良いことだけでなく、失業の発生というネガティブな問題もある。

しかし、日本では、学校のレポート作成でChatGPTの利用を禁止するといったレベルの問題しか論じられていない。

生成ＡＩの技術開発で日本が遅れをとったのは、残念なことだがやむを得ない。しかし、自分で新技術を作ることができなくても、それを適切に活用していくことができる体制を築くことができれば、日本経済は大きく変貌するだろう。

日本は、ＩＴ革命への適応ができなかったので、世界の流れに大きく立ち後れた。ここで生成ＡＩの技術を採用しなければ、世界との差はさらに広がるだろう。

日本型の組織はデータドリブンには向いていない？

日本の企業は、文書作成の効率化などといった利用を考えているところが多い。もちろん、そうした利用は可能だ。しかし、生成ＡＩの潜在的な可能性はもっと大きい。

カスタマーサポートでの利用や、デジタルマーケティングなどに対する活用が、すでに進みつつある。

また、ChatGPTを企業のデータベースとＡＰＩ接続することによって、データドリブン的な経営をすることが可能になる。これによる企業の効率化は著しいものになるだろう。

ただし、そのためには、企業の構造が大きく変わる必要がある。日本の企業がそうしたことをできるかどうか、大きな疑問と言わざるを得ない。

データドリブン的な経営を実現するには、情報のサイロ化と言われる事態を排して、組織構成員全員での情報共有が必要だ。また、経験や勘よりは、エビデンスを尊重する姿勢が求められる。しかし、日本の企業は、こうしたことを困難にする性格が強い。また、こうした技術に対する理解を持っていない経営者も多い。

したがって、データドリブン的な企業構造への転換が進まない可能性が高い。そうであれば、これまでデジタル化で後れを取ってきた日本企業は、さらに徹底的に立ち後れることになるだろう。これは深刻な問題だ。

5. トランスフォーマー技術の成長に見るアメリカの強さ

ChatGPTの基礎になっている「トランスフォーマー」とは

ChatGPTは、「大規模言語モデル（LLM：Large Language Models）」と呼ばれるAIの一種だ。

LLMは、インターネット上の記事や書籍など、何億個もの単語からなる巨大なテキストデータセットを用いて学習し、ニューラルネットワークと呼ばれる深層学習の手法で訓練される。

そこで用いられるのが、「トランスフォーマー」という仕組みだ。これによって、モデルは、文脈に基づいて文章を生成する能力や、文脈に適した次の単語を予測する能力を獲得できた。

訓練が終わったLLMは、自然言語処理（NLP）のタスクに用いられる。具体的には、文書の要約、質問応答、翻訳、文書生成などだ。

GPT-3やGPT-4（OpenAIによって開発されたLLM）は、その最たる例だ。GPTのTは、「トランスフォーマー」という意味だ（GPTとは、Generative Pretrained Transformerの略）。

Googleの研究者が2017年に発明

トランスフォーマーは、Googleの最も重要な発明の一つだ。JAPAN TIMES（JULY 19, 2023）によると、この技術は、元々はランチタイムの会話から生まれた。2017年、Googleの研究者たちは、より効率的にコンピューターにテキストを生成させる方法について議論し、その結果を、『Attention is All You Need』という論文に発表した。

彼らは、「注意」という概念を用いて、単語をより効率的に学習する方法を開発したのだ。

この論文は、AIの飛躍的な進歩をもたらすこととなった。彼らの論文は、他の研究者によって8万回以上引用された。

そして、彼らが設計したAIアーキテクチャが、OpenAIのChatGPTや、画像生成ツールMidjourneyなどに利用されたのだ。

巨大になったGoogleは活用できず

ところが、トランスフォーマーの技術は、Googleですぐに活用されることはなかった。なぜだろうか？

JAPAN TIMESの記事は、その原因を、巨大になってしまったGoogleの組織体質に求めている。

トランスフォーマーが開発された当時、科学者やエンジニアは、自身のアイデアを推進するために複数の管理者から承認を得なければならなかった。また、Googleの主要なAI部門であるGoogle Brainの研究者たちは、明確な戦略的方向性を欠いており、そのため、研究論文での自身の立場に執着する傾向があった。

新しいアイデアを製品化するハードルも、非常に高く、「Googleは、ビジネスが10億ドル規模にならない限り動かない」と言われたほどだ。

そして、「壊れていないなら修理するな」という風潮もあった。10億ドルのビジネスを築くためには、絶え間ない改善と多くの失敗が必要なはずなのだが、Googleはそれを常に受け入れたわけではなかったのだ。

ChatGPTとして開花したトランスフォーマー

こうして、Google内部でトランスフォーマーは十分に活用されず、『Attention is All You Need』の著者である専門家たちは、Googleを去ることになった。彼らは、新たにスタートアップを立ち上げた。

そしてOpenAIは、Microsoftと提携し、トランスフォーマーの技術を用い、ChatGPTを開発した。

２０２２年末にChatGPTが登場し、世界は大きな衝撃を受けた。これに圧迫されて、Googleは急ぎ、２０２３年3月にBardというチャットボットをリリースした。

こうした経緯は、Googleの経営上の大失敗だったと考えざるを得ない。スンダー・ピチャイ現体制には、重大な責任があると言えるのではないだろうか？

ただし、だからといって、トランスフォーマーの技術が日の目を見ずに葬られてしまったのではないことに注目したい。OpenAIが、見事にそれを成長させ、開花させたからだ。

つまり、アメリカの経済システムは、一つの企業が大企業病に冒されて失敗しても、それで駄目になってしまうようなものではないのだ。ＡＩの進歩は、規模が小さく、敏捷《びんしょう》なスタートアップ企業に支えられている。そして、経済システム全体としての健全性が保たれている。それが、アメリカの強さだと思う。

Mosaicが小規模なモデルを開発

トランスフォーマーの技術を活用したのは、OpenAIだけではない。

6月26日には、独自の大規模言語モデルを開発するスタートアップであるMosaicMLを、サンフランシスコを拠点とするデータブリックスが、約13億ドル（約1860億円）で買収することに合意したとのニュースが報道された。2021年に設立されたMosaicMLは、生成AIの利用コストを数千万ドルから数十万ドルに引き下げることに注力してきた。

MosaicMLの目的は、企業が自分たちのChatGPTのようなツールを自己構築するための需要を捉えることだ。

ChatGPTのような既製のモデルは、インターネットデータで訓練されており、余計な情報が入って、結果を歪める可能性がある。また、多くの企業は、外部ベンダーによって構築されたモデルでデータを共有する際のプライバシーや、セキュリティの問題を懸念している。

それに対して、MosaicMLが開発したような特定の産業用語やノウハウを持つ「ドメイン固有」のモデルは、ChatGPTよりも企業にとって有用であるとアナリストたちは指摘している。

しかも、小規模な事前訓練済みモデルの開発は、OpenAIのようにすべてのデータに基づいて構築する場合よりは、かなり少ない費用で済む。

データブリックスは、ＡＩ対応のデータ管理技術とMosaicMLの言語モデルプラットフォームを組み合わせて、企業が独自のデータで低コストの言語モデルを自己構築できるようにする。

市場分析会社ピッチブックデータによると、２０２３年末までに、生成ＡＩ市場の支出は４２６億ドルに達し、２０２６年までに年成長率32％で９８１億ドルに成長する見込みだ。また、２０２２年全体の48億ドルから２０２３年の最初の5カ月間だけで１２７億ドルに増加したという（Wall Street Journal, June 26, 2023)。

日本でも開発が進むが、企業が利用するか？

日本でも、大規模言語モデルの開発は進んでいる。日本電気株式会社（ＮＥＣ）は、日本語大規模言語モデルを独自に開発したことを２０２３年7月に発表した。同時期に、情報通信研究機構（ＮＩＣＴ）が日本語に特化した大規模言語モデル（ＬＬＭ）を開発したと発表した。また、プリファード・ネットワークスは6月、大規模言語モデル（ＬＬＭ）の開発に着手したと発表した。

こうした試みが成功することを期待したいが、問題は、企業の側がそれを積極的に利用するかどうかだ。アンケートの結果を見ると、ChatGPTなどを積極的に使うとする企業は、全体の1割未満でしかない。大企業での比率は少し高いが、少数派であることに変わりはない。新しい技術を活用しようとする企業の意欲がなければ、日本の再興は望み得ない。

これまでもあった日本の問題が、大規模言語モデルという新しい可能性の登場によって、ますます際立った形で現れているように思えてならない。

第7章のまとめ

1. デジタル化の遅れが、日本経済の生産性低迷の基本的な原因だ。これを取り戻すことこそ、日本再生の最も重要な手段である。
2. 日本のデジタル化の遅れは、コロナ禍で明白になった。これを打破するため、デジタル庁が設立された。しかし、日本政府は20年以上前に行政手続きのオンライン化を約束し、失敗している。デジタル化が進まないのは、日本の組織のあり方に原因がある。また、政府が国民の信頼を獲得していないことも大きな要因である。デジタル庁がまずなすべきは、過去の失敗を検証することだ。
3. ビデオ会議は、やむを得ず使うもので、対面の代替物だと考えられることが多い。しかし、会える機会を拡大するという積極的な面に注目すべきだ。これは、国際的な場において顕著だ。専門家の国際的な集まりは、ビデオ会議によって飛躍的に容易になった。専門家間の国際的共同作業は、コロナが終息しても残るニューノーマルとなるだろう。距離が消滅した後、最後に残るのは言葉の壁だが、それが克服されれば、国際間の在宅勤務が行われるようになる。ビザを必要としない「デジタル移民」の登場だ。それは、日本社会を根底から変えるだろう。

4. ChatGPTなどの生成AIの登場という大きな変化が生じている。これは社会のあり方を根底から覆すだろう。その影響は望ましいことだけとは限らない。日本の組織や社会がこれに対応できるかどうかが問われている。

5. ChatGPTなどの基礎になっている「トランスフォーマー」という技術は、Googleで発明されたが、自社はそれを活用することが遅れた。ただし、スタートアップ企業がそれを活用して、見事に開花させた。こうした経済構造が、アメリカ経済の強さだ。

おわりに　日本経済再生の第一歩は、国民の自覚

超高齢化社会に向かう日本

日本はこれから超高齢化社会に突入する。それは、世界のどの国もこれまで経験したことがないものだ。医療や介護の需要が激増することは、目に見えている。

公的年金財政の悪化も避けられない。それに対処するために年金支給開始年齢が引き上げられる事態も、大いにあり得る。仮にそうなれば、老後資金の準備が十分でないために生活保護を申請する高齢者世帯が急増するだろう。

こうした事態への対処が急務であるにもかかわらず、ほとんど何の手当ても準備されていない。

生産年齢人口が増えないので、労働人口は増えない。そのため、日本経済の生産性は現

在よりさらに低下する。医療や介護分野での人手不足は、ますます深刻化する。外国人労働力に頼ろうとしても、日本の国際的な地位が低下しているので、人材を集めることができない。それだけではなく、日本の若い人々が、高賃金を求めて海外に流出する。2022年以降の急激な円安の中で、こうした動きはすでに現実化している。そのため、要介護状態になってもケアを受けられない高齢者が続出するだろう。

道路や橋などの社会資本を更新するための投資が十分に行われないので、社会資本の劣化が進み、災害が起きた場合の被害が大きくなる。

こうした状況の中で、不満が鬱積《うっせき》して凶悪事件が多発し、治安が悪化する危険もある。その兆候はすでに現れているようにも思われる。

対外収支が悪化すれば、国際的な生活保護申請？

世界経済が大きく発展する中で、日本は古い産業構造から脱却できず、国際的な地位が低下している。

さまざまな国際ランキングで、日本の位置は最下位から数えたほうが早くなってしまった。かつて、「ジャパン・アズ・ナンバーワン」と称賛された時代があったことなど、夢のようだ。

そして、状況は悪化の一途をたどっている。第1章で述べたように、2000年の沖縄サミット時にG8の中で最も豊かな国だった日本は、2023年の広島サミットでは、最も貧しい国になってしまった。

日本企業の生産性が低下するため、日本の対外収支は悪化していく。日本の貿易収支は恒常的な赤字になる可能性が高い。それだけでなく、経常収支も赤字化する危険がある。そうなれば、対外資産の取り崩しを余儀なくされる。

こうした事態が将来時点で起こると予測されれば、それが現実にならなくても、金融市場は反応してしまう可能性がある。経常収支が赤字化するのは10年先のことかもしれないが、それを予測して、いま金融市場でキャピタルフライト（資本逃避）が生じてもおかしくない。しかも、いったん始まったキャピタルフライトが加速してしまうこともある。

すると、金利が急上昇し、株価も不動産価格も暴落する。要するに、日本国内のすべての資産価格が暴落する。円の価値も暴落する。

そうなったとき、どうすればよいのか？　個々の家庭の場合、蓄えがなくなって生活資金が尽きれば、生活保護を申請するしかない。それと同じように、国も生き延びるために、

ＩＭＦに緊急融資を求めるしかない。

これは、１９９０年代末のアジア通貨危機の中で、韓国が実際に行ったことだ。しかし、経済規模が大きい日本に対しては、ＩＭＦといえども十分な措置ができるかどうか分からない。では、日本はどうやって生き延びればよいのか？

金融政策は低金利政策から脱却できない

日本の衰退を加速させる原因は、経済政策の誤りだ。私はこうした問題をこれまで多くの機会に指摘してきた。しかし、いくら指摘しても十分ではない。

日本の金利は日本銀行の低金利政策によって、非常に低い水準に抑えられている。それによって円安が進み、国内の物価が上昇して、国民生活が圧迫されている。それにもかかわらず、日本銀行は円安を放置している。

長く続いた低金利政策の結果、日本企業は低金利でないと生き延びられない状態になってしまった。そして、生産性が低下し、国際競争力を失った。

日本の異常な低金利は、政府の資料の中では、今後修正されることになっている。財政収支試算や公的年金の財政検証では、名目長期金利が３％程度になることが想定されている。

しかし、それは資料の中だけのことであって、実際の金利が正常化される見通しは立っていない。日本経済が低金利と低生産性の状態から自然に脱却していくとは考えにくい。企業は、存続のために政府に補助金を求めることしか考えていないだろう。

バラマキ政治家の怠慢

こうした深刻な問題があるにもかかわらず、政治家は次の選挙のことしか頭にない。そして、人々の目先の歓心を買うための政策しか行わない。

「産業政策」と称するものの実態は、特定企業への補助金だ。そして、対象となる産業は衰退産業だ。こうした補助金によって産業が復活するはずはない。実際、2000年代になってから、製造業、特に半導体や液晶関連企業の救済のための補助策が増えたが、これらの産業が衰退する流れは変わらなかった。

一方、年金、医療、介護などの制度改革についての議論は、ほとんど行われていない。税制の根本的な見直しについても、そうだ。

岸田内閣は、少子化対策と称して、効果の疑わしい給付金を増加させようとしている。

しかも、それに対する財源を準備しているわけではない。

政治家が特定の集団との利益関係に影響されるのは、やむを得ないことだ。しかし、それだけでは、単なる利権ブローカーになってしまう。

戦後の日本の政治は、特定の集団の利害に大きく影響されてきたものの、長期的な視野に立っての政策も忘れられなかった。この10年間程度の大きな問題は、そうしたことがほとんど考慮されなくなってしまったことだ。

沈没が確実なかつての豪華客船

以上で述べた日本の現状は、喩えてみれば、かつて世界の七つの海に絢爛《けんらん》豪華さを示した客船のようなものだ。

あらゆるものが世界最先端だった。しかし、その後の修理が十分でなかったために、さまざまなところで損傷が著しい。

浸水が始まり、このままでは沈没することが目に見えている。本格的な修理が必要だと誰もが知っているが、そのことを口にしない。そして、見かけだけを取り繕って浸水の状況を見えなくし、やりくりしている。

船長の頭にあるのは、豪華なダンスパーティーで船客を満足させることだ。そうすれば船長の地位は安泰だ。

誰もがおかしいと思いながら、この状態をどうすることもできない。

経済政策を大転換し、新しい技術を取り入れる

問題は、自然には解決しない。日本が衰退から復活しようと思えば、経済政策の基本を変えなければならない。高齢化が進む中での生産性回復は困難ではあるが、不可能ではない。

まず、「金融緩和を続けていれば、そのうち何とかなる」などという幻想を捨て去ることが必要だ。低金利と円安を続け、その上補助金をばらまいているだけでは、日本企業の体力はますます弱まる。

こうした事態を防ぐため、新しい技術を積極的に取り入れることが必要だ。

新しい技術は次々に開発されている。例えば、デジタル技術の進展によって、リモート医療が可能になった。そして、世界では、コロナ下でリモート医療に向けての大きな進展があった。しかし日本では、医師会の反対によって進展していない。こうした状態を変え

ていくことが必要だ。

新しい技術は、これだけではない。ごく最近では、ChatGPTなどの生成ＡＩが登場し、経済活動の基本に大きな影響を与えようとしている。

仮にこの新しい技術を使いこなすことができれば、日本経済の様相は一変するだろう。では、そうした改革が行われれば日本は復活するのだろうか？

私は必ずそうなると思う。なぜなら、日本人の資質は優秀だからだ。ＯＥＣＤが行っているＰＩＳＡという小中学生を対象にした学力調査を見ると、それが明らかだ。日本は世界の最上位に近いところに位置している。結果が公表されている直近の２０１８年調査について、「数学的リテラシーおよび科学的リテラシーは、引き続き世界トップレベル。調査開始以降の長期トレンドとしても、安定的に世界トップレベルを維持している」とＯＥＣＤが分析している。

それにもかかわらず、さまざまな国際ランキングで日本人の資質が低い評価を受けている。こうなるのは、日本人は大学に入った途端に勉強しなくなってしまうからだ。この状況を変える必要がある。

国民が現状を許してはならない

何より重要なのは、国民がこうした状態に対して声を上げることだ。これまで述べた問題は日本全体の問題であり、国民一人ひとりの生活に直接影響するからだ。

選挙は国民の声を示す基本的な方法だが、それ以外にも意見を示す方法はある。私たちは、現在の日本の状況に対する意見を述べ、議論すべきだ。

声を挙げるにしても、「私にも補助金を」というのでは、事態は悪化するばかりだ。まずは、日本衰退の原因をはっきりと把握する必要がある。経済政策の誤りが基本的な問題原因だと私は考えている。しかし、そうではないという意見もあるだろう。こうした問題について、徹底的な議論を行うことが必要だ。日本経済再生の第一歩は、国民の自覚なのである。

〈さ行〉

索引

著者略歴

野口悠紀雄（のぐち・ゆきお）

1940年東京生まれ。63年東京大学工学部卒業、64年大蔵省入省。72年エール大学でPh.D.（経済学博士号）を取得。一橋大学教授、東京大学教授、スタンフォード大学客員教授、早稲田大学大学院ファイナンス研究科教授などを経て、一橋大学名誉教授。専門は日本経済論。
近著に『2040年の日本』（幻冬舎新書）、『超「超」勉強法』（プレジデント社）、『日銀の責任』（PHP新書）、『どうすれば日本人の賃金は上がるのか』（日経プレミアシリーズ）、『プア・ジャパン』（朝日新書）、『「超」創造法』（幻冬舎新書）ほか多数。

SB新書　635

どうすれば日《に》本《ほん》経《けい》済《ざい》は復《ふっ》活《かつ》できるのか

2023年 11月15日　初版第1刷発行

著　　者　野《の》口《ぐち》悠《ゆ》紀《き》雄《お》
発 行 者　小川 淳
発 行 所　SBクリエイティブ株式会社
〒106-0032　東京都港区六本木2-4-5
電話：03-5549-1201（営業部）
装　　丁　杉山健太郎
本文デザイン DTP　株式会社ローヤル企画
編　　集　齋藤舞夕（SBクリエイティブ）
印刷・製本　大日本印刷株式会社

本書をお読みになったご意見・ご感想を下記URL、
または左記QRコードよりお寄せください。
https://isbn2.sbcr.jp/10104/

落丁本、乱丁本は小社営業部にてお取り替えいたします。定価はカバーに記載されております。
本書の内容に関するご質問等は、小社学芸書籍編集部まで必ず書面にて
ご連絡いただきますようお願いいたします。

ISBN　978-4-8156-1010-4